Impressum

Text: Donald Lyko
Gestaltung/Bildredaktion: Frank Mühlenberg
Satz: AWA Stendal
Druck/Verarbeitung: Meiling Druck, 39340 Haldensleben, Jacob-Uffrecht-Straße 3

Herausgeber:
Weberstraße 47, 39576 Stendal, Tel. 03931-213106
ISBN 978-3-00-024392-9

Wir bedanken uns für die freundliche, kooperative Zusammenarbeit bei: den Stadtarchiven der Städte Stendal und Salzwedel, dem Altmärkischen Museum in Stendal, dem Johann-Friedrich-Danneil-Museum in Salzwedel, dem Stadtmuseum und dem Burgmuseum in Tangermünde, dem Prignitzmuseum in Havelberg, der Stadtgemeinde Stendal und der Jacobi-Gemeinde in Stendal.

Mit freundlicher Unterstützung:

Türme, Tore, stolze Bürger
Der Altmärkische Hansebund

Donald Lyko und Frank Mühlenberg

Stendal Salzwedel Gardelegen Tangermünde Havelberg Seehausen Osterburg Werben

Kapitelübersicht

1. Seite: Die Katharinenkirche in Salzwedel wurde erstmals im Jahr 1280 erwähnt, bis ins 15. Jahrhundert wurde an- und umgebaut. Sie ist das kulturhistorisch bedeutendste Bauwerk der Neustadt.

links: Mit dem Bau des Hünerdorfer Tores in Tangermünde, auch Eulenturm genannt, wurde um 1300 begonnen. Der obere Teil wurde erst um 1460/70 errichtet. Links daneben ist die Stephanskirche zu sehen, die den höchsten Kirchturm der Altmark besitzt.

BERLIN
HOFFNUNG

Zum Geleit

Die Hanse in der Altmark lebt. Sie lebt in den stolzen Toren und Rathäusern, in den Meisterwerken deutscher Backsteingotik. Sie lebt in den reich ausgestatteten Kirchen, in alten Hospitälern, in den Wallanlagen und in den Handwerkstraditionen. Sie lebt in den Urkunden und Siegeln. Sie lebt aber auch in dem Bekenntnis der Städte zu ihrer Tradition, ausgedrückt im Beinamen „Hansestadt".
Reich ist das Erbe der mittelalterlichen Hansezeit. Sie hat den Städten Wohlstand und Ansehen gebracht. Sie hat vom 13. bis 16. Jahrhundert die Entwicklung geprägt. Sieben stolze Städte der Altmark waren Mitglied dieses legendären Bundes: Stendal, Salzwedel, Gardelegen, Tangermünde, Werben, Osterburg und Seehausen. Sieben Städte, die gemeinsam gegen landesherrliche Willkür, gegen Raub und Gewalt auftraten, die aber auch in der Hanse mit einer Stimme sprachen. Und heute wieder sprechen. Denn sechs Altmarkstädte haben sich 1998 erneut zum Altmärkischen Hansebund zusammengeschlossen, Seehausen folgte im Jahr 2000. Mit dabei ist von Beginn an auch die Prignitzstadt Havelberg.
Der Bund der acht Städte ist heute sehr aktiv in der Internationalen Hanse der Neuzeit. Ihren Ursprung hat sie in der holländischen Stadt Zwolle. Zum Stadtjubiläum im Jahr 1980 waren viele Hansestädte eingeladen worden. Die Idee wurde geboren, in einem wachsenden Europa wieder gemeinsam aktiv zu werden. Die Stadt Lübeck hat erneut den Vorsitz, in jedem Jahr gibt es einen Internationalen Hansetag. Als Gastgeberstadt im Jahr 2008 geht das altmärkische Salzwedel in die Hansegeschichte ein. Die Altmark, die Region mit der höchsten Konzentration an Hansestädten in Deutschland, vertritt derzeit in der Hanse-Kommission den mitteldeutschen Raum. Auch heute sind die Farben der Hanse wieder rot und weiß. Farben, die sich in vielen Wappen der Mitgliedsstädte finden – auch in denen der Altmark.

Die Altmark ist eine geschichtsträchtige Region. Sie war es vor und auch nach der Hansemitgliedschaft der Städte. Mit einer vorausschauenden Ansiedlungs- und Gründungspolitik haben gerade die Ottonen seit Otto I. und dann die Askanier einen Grundstein gelegt für das spätere Aufblühen des ehemaligen Grenzlandes. Seit der Zeit Karls des Großen waren Burgen gebaut und die Bistümer Halberstadt und Verden geschaffen worden, um das Gebiet zu befrieden, zu christianisieren und vor den Slawen zu schützen. Burgen wie die in Arneburg, Salzwedel, Osterburg und Tangermünde spielten bei der Kolonisierung eine wichtige Rolle, denn unter ihrem Schutz konnten sich die Dörfer entwickeln.

Besonders Markgraf Albrecht der Bär aus dem Geschlecht der Askanier muss erwähnt wer-

links: Der Havelberger Dom, 1170 geweiht, thront über der Altstadt. Baulich vereint er romanische und gotische Elemente. Heute beheimatet der Dom das Prignitz-Museum, zudem genießt er wegen seiner ausgezeichneten Akustik einen sehr guten Ruf als Konzertstätte.

rechts: Die so genannte Hanse-Schale (Altmärkisches Museum Stendal) stammt vermutlich aus der ersten Hälfte des 12. Jahrhunderts. Die Schale war Anfang des 20. Jahrhunderts bei Bauarbeiten in der Stendaler Hallstraße gefunden worden. Sie ist eines der wenigen erhaltenen Dinge aus dem frühmittelalterlichen Alltagsleben.

Markgraf Albrecht der Bär (um 1100-1170) aus dem Geschlecht der Askanier gründete in der Altmark einige Städte und viele Dörfer. Das Denkmal wurde der Stadt Werben im Jahr 1906 (900-Jahr-Feier) von Kaiser Wilhelm II. gestiftet. Im Zweiten Weltkrieg verschwand es, vermutlich wurde es eingeschmolzen.

den. Er verlieh im 12. Jahrhundert den späteren Städten das Markt- und Stadtrecht, er verlieh wichtige Privilegien wie Münzrechte. Als Münzlieferant wurde Stendal damals zum Mittelpunkt der Mark Brandenburg. In einer Zeit übrigens, in der Berlin noch ein unbedeutendes Fischerdorf war. Auch Salzwedel erfuhr schon damals einen Aufschwung. Beide Städte unterstanden bis zum Beginn des 14. Jahrhunderts allerdings verschiedenen Markgrafen. 1258 hatten die Markgrafenbrüder Otto III. und Johann I. die Altmark unter sich aufgeteilt. Otto übernahm den Raum Salzwedel, sein Bruder Stendal, Osterburg und Tangermünde. Auch unter den Nachfolgern blieb die Teilung bestehen. Erst mit dem Tod von Markgraf Johann V. (Salzwedel) im Jahr 1317 – er hatte die Herrschaft 1308 angetreten – wurde Markgraf Waldemar (Stendal) alleiniger Herrscher über die Mark Brandenburg, denn Johann hatte keine Nachfahren hinterlassen. Von der „Olden Mark" wird seit Beginn des 14. Jahrhunderts gesprochen. Zu dieser Zeit aber war die alte Mark noch größer als heute, damals gehörten die Gebiete um Wolmirstedt und Wanzleben sowie das Jerichower Land bis südlich von Jerichow dazu. Diese Gebiete fielen später an das Erzbistum von Magdeburg. Albrecht der Bär hatte schon Mitte des 12. Jahrhunderts die besondere Lage der Region an wichtigen Verkehrswegen erkannt. Er schuf gute Bedingungen für die Kaufleute und Handwerker, die sich in der Nordmark ansiedeln wollten, aber auch für die Landbevölkerung. Nicht selten waren die Neusiedler rechtlich besser gestellt als die Alteingesessenen. So mussten sie geringere Abgaben leisten. Albrecht der Bär holte Holländer, Flandern und Bewohner aus dem Nordharz in die Altmark, um den kriegsbedingten Bevölkerungsmangel auszugleichen und das Land urbar zu machen. Nach Werben, Tangermünde und Seehausen schickte er die Holländer zum Eindeichen der Elbe. Mit der Besiedlung der Wische wurden dort große Flächen fruchtbaren Ackerbodens geschaffen. Unterstützung bei seiner Siedlungspolitik bekam der Markgraf unter anderem von Erzbischof Wichmann von Magdeburg. Der setzte sogar Männer als Siedlungsleiter ein, die Bauern für die neuen Niederlassungen anwerben sollten. Meist wurden sie selbst in den wachsenden Orten als Dorfschulzen ansässig.

Mit der intensiven Ansiedlungspolitik in der Nordmark ging die Christianisierung einher. Beeindruckendes Beispiel dafür ist der Havelberger Dom. Bereits Mitte des 10. Jahrhunderts wurde die Stadt zum Bischofssitz. Doch bei einem Slawenaufstand im Jahr 983 wurde der Bischof vertrieben. In den Folgejahren gab es Titularbischöfe, das Bistum existierte nur auf dem Papier. Mit dem Slawenkreuzzug von 1147 wurde Havelberg endgültig in das deutsche Reichsgebiet eingegliedert. Bischof Anselm von Havelberg baute den Dom und das angegliederte Prämonstratenser-Kloster wieder auf, im Jahr 1170 wurde der Dom geweiht. Er verbindet noch heute gotische und romanische Elemente - zu den Sehenswürdigkeiten gehören Glasmalereien im nördlichen Seitenschiff aus dem 14. und 15. Jahrhundert, das frühgotische Chorgestühl und der Paradiessaal.

In fast allen Dörfern wurden in jener Zeit Gotteshäuser gebaut. Die romanischen Feldsteinkirchen gehören noch heute zu den Schätzen der Altmark. Der Großteil der Kirchen im romanischen und gotischen Stil wurde zwischen 1050 und 1230/40 errichtet. Besonders im östlichen Teil der Altmark sind die so genannten Breitturmkirchen zu finden. Der Baustil wurde vermutlich von den Siedlern aus dem Vorharz und dem südlichen Niedersachsen mit in die Altmark gebracht. Die Kirchen waren ein Symbol des Chris-

links: Die Feldsteinkirche in Groß Schwechten entstand in der zweiten Hälfte des 12. Jahrhunderts. Nachträglich angebaut wurde zum Beispiel die Sakristei an der Nordfassade des Chores.

rechts: Am strategisch wichtigsten Punkt im westlichen Teil der alten Mark, dem Weg durch die Jeetze-Niederung bei Salzwedel, wurde bereits im 9. Jahrhundert eine Burg gebaut. Erstmals urkundlich erwähnt wurde sie im Jahr 1112. Im Burggarten stehen heute noch der Burgturm (Foto) und die Ruine der einstigen Burgkapelle St. Annen. Der 24 Meter hohe Turm, gebaut aus Backsteinen und als Wohnanlage genutzt, stammt vermutlich aus dem 13. Jahrhundert.

links: Die Lorenzkirche in Salzwedel, erbaut Mitte des 13. Jahrhunderts, liegt an der Straße der Romanik. Besonders im Inneren lässt sich der Übergang von der Romanik zur Gotik entdecken.

rechts: Romanisches Portal der Seehäuser Pfarrkirche St. Petri. Das Gotteshaus wurde zwischen 1170 und 1180 von sächsischen Siedlern errichtet und in den folgenden Jahrhunderten erweitert und umgebaut. Das spätromanische Portal ist Teil des doppeltürmigen Westbaus. Es besteht aus einem Wechsel aus Sandsteinen und Backsteinen.

nächste Seite: Blick auf die Seehäuser Pfarrkirche St. Petri. Ende des 12. Jahrhunderts erbaut, erfuhr sie in den Folgejahrhunderten einen Umbau zur dreischiffigen spätgotischen Hallenkirche.

tentums, aber ebenso ein Schutz der Dorfbevölkerung bei Gefahren. In den massiven Gotteshäusern, meist auf einer Anhöhe stehend und von einer starken Friedhofsmauer umgeben, fanden sie eine Zufluchts- und Verteidigungsstätte. Vermutlich wurden die Feldsteinkirchen als Ersatz für die Schutzburgen angesehen, die zunehmend zu Herrenburgen wurden. Die Kirchtürme wurden als eine Art Wehrturm angelegt, einige hatten erhöhte Einstiegstüren und kleine Lichtöffnungen, manche sogar Schießscharten.
Sieben dieser altmärkischen Dorfkirchen sind „verkehrt", ihre Türme stehen an der Ostseite. Die märchenhafte Zahl sieben begegnet dem Besucher oft in der Altmark: Es gibt sieben schlossgesessene Adelsfamilien, sieben Hauptflüsse, sieben Marktflecken und eben die sieben alten Städte. Die Eigenarten ihrer Bewohner wurden in einem plattdeutschen Spruch verewigt:

„De Stendaler trinken gern Win,
De Gardeleger wullen Junker sin,
De Tangermünder hebben den Mot,
De Soltwedler hebben dat Got,
De Seehuser det sin Ebentür,
De Werbener geben den Weiten dür,
De Osterburger wollten sik räken
und täden den Bullen for den Bären stäken."

Ob die Seehäuser wirklich wie beschrieben Abenteurer waren, ist offen. Andere Historiker sehen im Wort Ebentür einen Hinweis auf die Schifffahrt auf dem Aland. Dafür wurden so genannte Ewer, kleine Schiffe mit flachem Boden benutzt, die bei fehlendem Wind vom Ufer aus gezogen werden mussten. Aus dem Ewerzieher wurde im Niederdeutschen der Eventüer. Und was hat es mit den Osterburgern auf sich, die einen Bullen für einen Bären hielten? Dabei soll es sich um einen Streich der Seehäuser handeln, die eines Nachts einen Bullen vor das Osterburger Stadttor getrieben haben. Mit den Worten: „een Bär" alarmierte der Wächter die Bürger, die mit Stangen und Spießen über das Tier herfielen. Am nächsten Morgen dann riefen einige Seehäuser schadenfroh den Osterburgern zu: „Een Oss, een Oss". Beschämt zogen sich die Verspotteten zurück.
Die alte Mark war im 12./13. Jahrhundert also eine aufstrebende Region, in der die Städte und ihre Bürger sich entfalten konnten. Die Chance, die sich ihnen wenig später mit der Hanse geboten hat, haben sie bestens dafür genutzt. Die altmärkischen Städte haben die Hansezeit zu ihrer Blütezeit gemacht. Darauf dürfen und können wir Altmärker auch heute noch stolz sein!

In diesem Sinne, liebe Leserinnen und Leser, viel Vergnügen beim Streifzug durch die hansische Altmark.

Zur Tagfahrt auf Spesenrechnung

Die altmärkischen Städte in der Hanse

Das Jahr 1359 ist gerade angebrochen, als Boten des Hansevorstehers Schreiben nach Stendal, Havelberg, Werben, Seehausen, Gardelegen und Salzwedel bringen. Darin lädt er die Städte zum 24. Juni des Jahres zur Tagfahrt nach Lübeck ein. Einen Brief gleichen Inhalts bekommen alle Städte, die schon im Jahr zuvor am Hansetag in Lübeck teilgenommen hatten. Dies so zu machen, hatten die pommerschen und wendischen Städte während einer Zusammenkunft am 6. Dezember 1358 in Rostock beschlossen. Inhaltlich ging es damals um die Streitigkeiten der Hanse mit Flandern. Während der Tagfahrt, zu der die Boten nun einladen, soll das Thema erneut behandelt werden...

Dieses Einladungsschreiben gilt heute für Stendal, Gardelegen, Seehausen, Havelberg und Werben als „Taufbrief" für die Mitgliedschaft in der Hanse. Demnach waren die genannten Städte spätestens ab 1358 dabei. Das Schreiben von 1359 ist der erste urkundliche Beleg, doch eine frühere Mitgliedschaft, besonders der schon damals bedeutenden Stadt Stendal, ist wahrscheinlich. Auch, weil die Alt- und die Neustadt Salzwedel – einen Zusammenschluss gab es trotz mehrfacher Versuche erst im Jahr 1713 – schon im Jahr 1263 Mitglied der Gotländischen Versammlung auf Visby geworden waren. Sie gilt als eine der Wurzeln der Hanse. Die Salzwedeler bekamen Sitz und Stimme in der Versammlung und wurden damit gleichberechtigte Mitglieder in der norddeutschen Hanse. Die Altmärker sollen dabei nicht nur von ihren wirtschaftlichen Kontakten profitiert haben, sondern auch von einem Herren namens Alexander von Soltwedel. Im 13. Jahrhundert war er nicht nur Bürgermeister von Lübeck, sondern gewann als Feldherr für die Stadt zwei Schlachten gegen die Dänen. Vielleicht war es Dankbarkeit, dass sich Lübeck für die Aufnahme Salzwedels in die Hansefamilie stark gemacht hatte.

Tangermündes Mitgliedschaft ist ab dem Jahr 1368 belegt. Die Stadt wird in einem Schreiben der wendischen Städte Wismar, Rostock, Lübeck und Stralsund an zahlreiche Städte im Binnenland genannt. Die Empfänger wurden darin gebeten, ihre Herren und Fürsten sowie den ansässigen Adel zu bitten, keine Bündnisse mit Waldemar von Dänemark einzugehen. Denn die norddeutschen Städte führten Krieg gegen die Dänen. Osterburgs erste urkundliche Erwähnung als Hansestadt stammt sogar erst aus dem Jahr 1436. Die Stadt wird als Partner in einem Bündnis zum Schutz

der Straßen und zum Widerstand gegen den Landesherren genannt.

Schon vor den urkundlich belegten Mitgliedschaften standen die altmärkischen Städ-

links: Das Neustädter Tor in Tangermünde ist eine komplette Anlage mit Vortor und Innenhof. Die Wappenleiste über der Tordurchfahrt wurde erst Ende des 19. Jahrhunderts aufgemalt.

rechts: Siegel der Alten (1285) und Neuen Stadt Salzwedel (14. Jh., Stadtarchiv Salzwedel). Trotz mehrerer Versuche kam es erst 1713 zur Vereinigung von Alt- und Neustadt.

Ansicht der Stadt Salzwedel (Mitte 17. Jahrhundert), Kupferstich von Matthaeus Merian aus der Topographia Electoratus Brandenburgici (Ausschnitt)

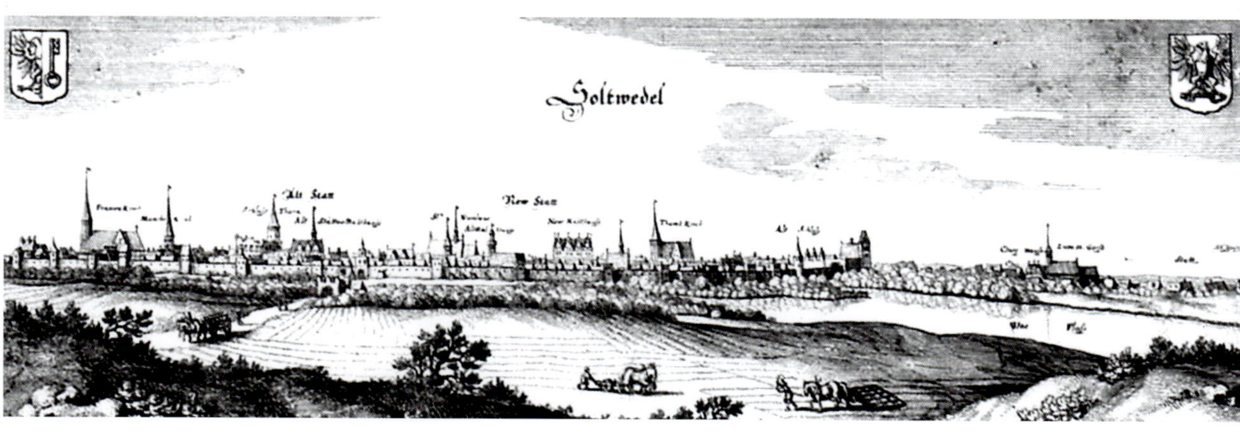

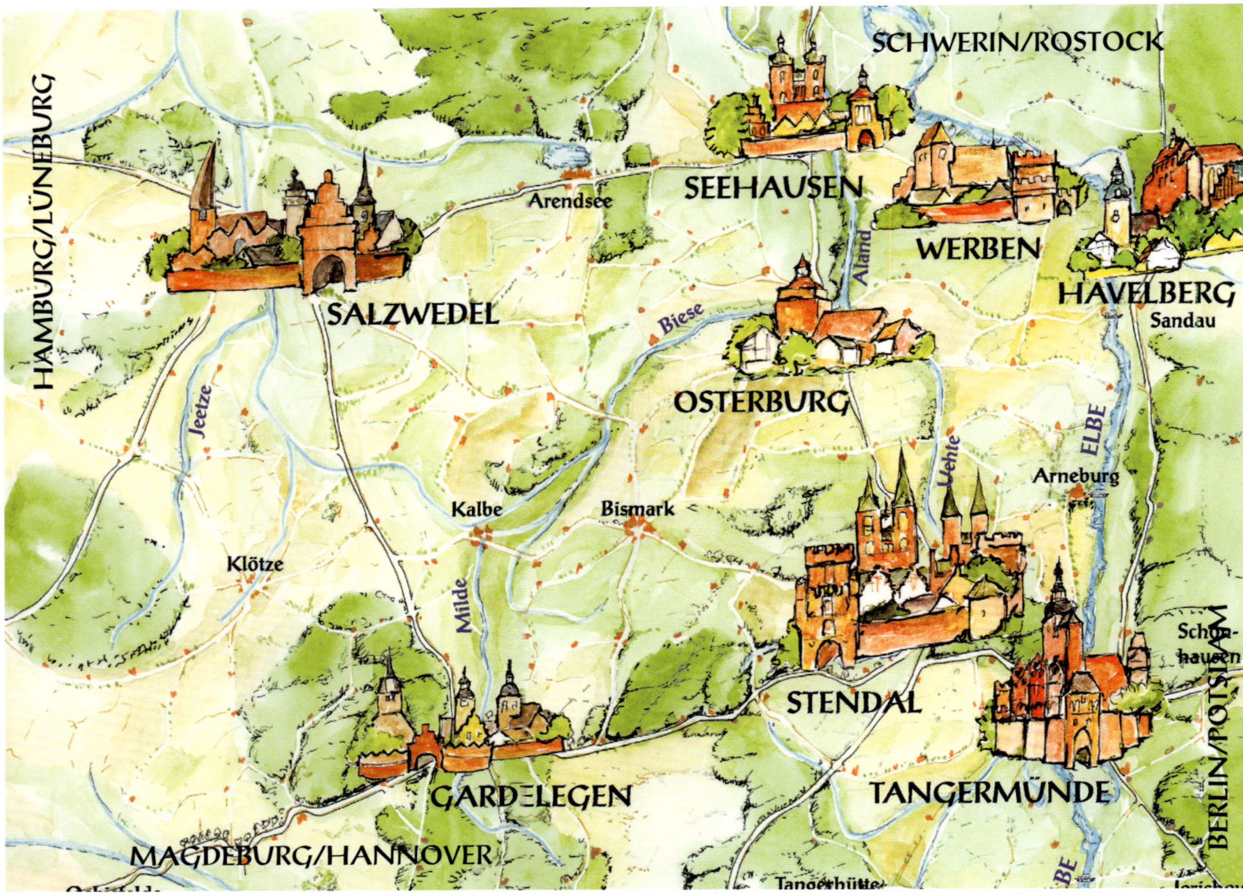

Die Altmark, heute zwei Landkreise und so groß wie das Saarland, hat deutschlandweit die höchste Konzentration an Hansestädten. Zu den Städten im Altmärkischen Hansebund gesellte sich die Prignitzstadt Havelberg. Wie die Karte zeigt, lagen die Altmarkstädte an wichtigen Handelswegen von Ost nach West und Nord nach Süd.

te in Handelsbeziehungen mit den Zentren an Nord- und Ostsee. Für Stendal werden Kontakte zu Lübeck und anderen Städten bereits für das ausgehende 13. Jahrhundert genannt. Während Stendal und Salzwedel in die Hanse hineingewachsen sein dürften, sind die anderen Städte der Altmark vermutlich durch die „Hintertür" Mitglied im Hansebund geworden. Im Schatten der bedeutenderen Städte Stendal und Salzwedel und durch den Handel mit wichtigen Hansestädten haben sie wahrscheinlich ohne offizielle Aufnahme den Schritt in die hansische Familie geschafft. Ein dritter Weg, den andere Städte gegangen sind, war der formale Antrag auf Mitgliedschaft. Dabei spielten nicht selten Beziehungen eine Rolle, kaufmännische ebenso wie familiäre. Denn Töchter und Söhne angesehener Familien aus den altmärkischen Städten heirateten nach Lübeck, Rostock oder Bremen, die Söhne gingen außerdem bei befreundeten Geschäftspartnern in weit entfernten Orten in die Lehre.

Der Name Hanse wurde abgeleitet von dem althochdeutschen Wort Hansa, das Bund oder (Kriegs-) Schar bedeutet. Es stand für einen Zusammenschluss von Männern mit gleichem Ziel. In diesem Fall war es der Handel über die Grenzen von Reichen und Territorien hinaus. Unter der Bezeichnung „van der dudeschen hanse" trat der Bund ab 1356 auf, seit dem ersten allgemeinen Hansetag in Lübeck. Aus der Kaufmannshanse war die Städtehanse geworden.

Um es klar zu sagen: Die Hanse war kein Bund im eigentlichen Sinne, sondern in der Tat eine lose Verbindung. Schon allein wegen der territorialen Ausdehnung war eine Bundesarbeit zu dieser Zeit nicht möglich. Es gab keine gemeinsame Verwaltung, kein gemeinsames Siegel, die Hanse hatte keine gemeinsame Verfassung, keine eigenen Finanzen. Geschäfte wurden mit dem Siegel der Stadt bestätigt, in der sie geschlossen wurden. Es gab kein Personal und keine ständigen Einkünfte, kein festes Mitgliederverzeichnis – und doch funktionierte die Hanse.

Sie war ein genossenschaftlicher Zusammenschluss von Kaufleuten, die ihren Handel schützen und gemeinsam vertreten wollten. Die Hanse hat gelebt vom Bekenntnis ihrer

Mitglieder: Ja, wir wollen diesen Bund! Einen Bund, in dem unter dem Dach eines Großwirtschaftsraumes mehrere regionale Städtebündnisse zusammenarbeiteten. Ein konkretes Gründungsdatum für die Hanse gibt es nicht. Schon Mitte des 12. Jahrhunderts schlossen sich Fernkaufleute an Nord- und Ostsee zusammen. Nach und nach kamen auch Binnenstädte hinzu. Bis Mitte des 17. Jahrhunderts gab es die aktive Hanse, die dauerhaft oder zeitlich begrenzt rund 200 Mitgliedsstädte gehabt haben soll. Etwa 70 von ihnen dürften eine aktive Rolle gespielt haben, während die anderen kleinen und mittleren Städte eher passive Mitglieder waren. Für 1669 ist der letzte Hansetag der damaligen Periode verzeichnet. Offiziell aufgelöst wurde die Hanse nie, die Städte Hamburg, Bremen und Lübeck haben immer an der Tradition festgehalten.

Wichtige Dinge wie Neuaufnahmen oder Ausschlüsse, Handelsblockaden oder Verhandlungen über Handelsprivilegien wurden während der Hansetage besprochen, Tagfahrten genannt. Die mit Hauptversammlungen vergleichbaren Treffen waren ein verbindendes Element für die Mitglieder. Die Hansetage fanden unregelmäßig statt, wurden bei Bedarf einberufen. Zwischen 1356 und 1480 soll es 72 Tagfahrten gegeben haben. Sie dauerten nicht nur einen Tag, sondern meist mehrere Wochen und Monate. Diese Tatsache, die aufwendige und nicht ungefährliche Anreise sowie die hohen Kosten schreckten besonders kleine Mitgliedsstädte von einer regelmäßigen Teilnahme ab. Denn die Gesandten konnten in der Zeit daheim nicht ihren Geschäften nachgehen. Teuer wurde es für die Städte außerdem, weil ihr Bote mit anderen repräsentativ feiern musste – auf Spesenrechnung der Heimatstadt. Darum übernahmen die größeren Städte die Vertretung für ihre Region. Aus der Altmark waren dies Stendal und Salzwedel. Als Vororte hielten sie den Kontakt zur Hanse und nahmen zumindest in den Anfangsjahren regelmäßig an den Tagfahrten teil. Dazu waren sie mit Vollmachten der anderen Städte ausgestattet. Allerdings nicht mit schriftlichen Vollmachten, wie sie heute üblich sind, sondern meist durch mündliche Aufträge. Die Ratssendboten waren in der Region bekannt, besaßen das Vertrauen in allen zu vertretenden Städten. 1426 wurde beschlossen, nur noch zwei Städte aus der Region des Sächsischen Städtebundes zu schicken: Stendal und Magdeburg oder Salzwedel und Braunschweig. Die anderen

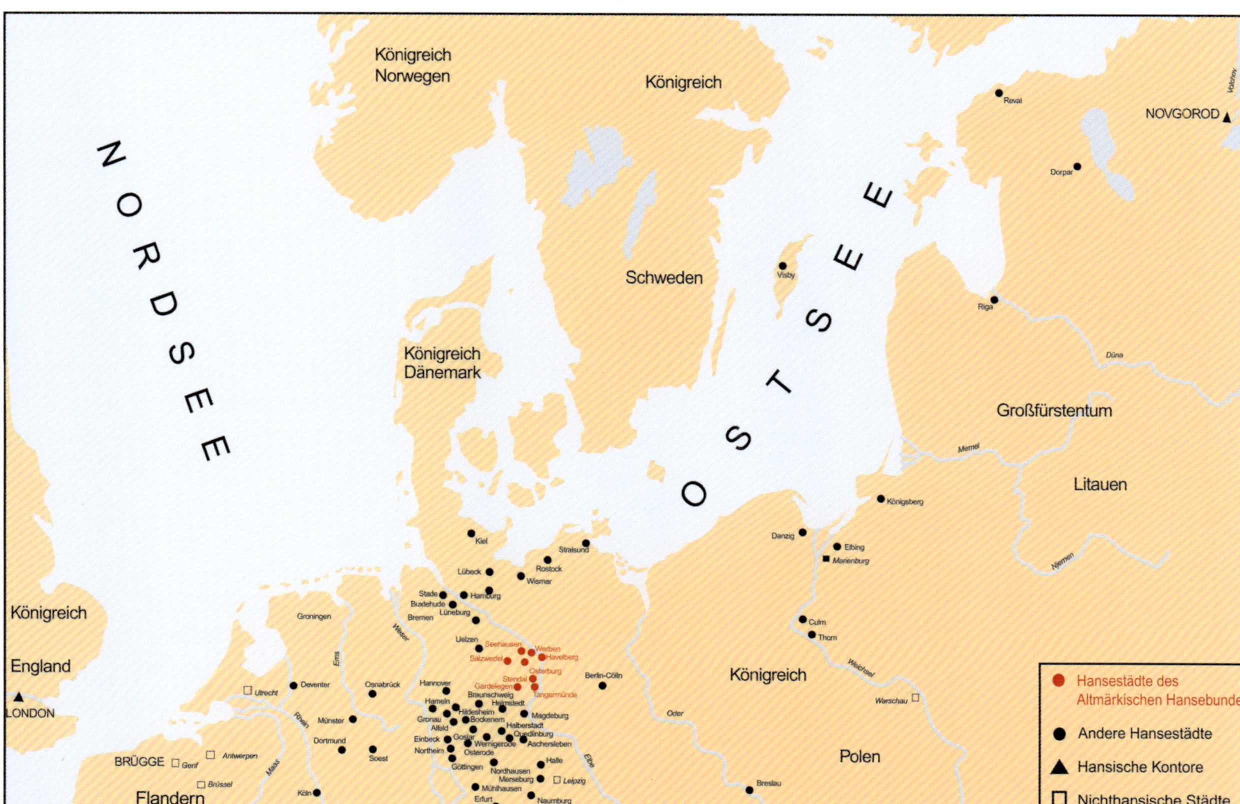

Übersicht über die geografische Lage der Hansestädte.
Zu Hochzeiten haben rund 200 Städte an Nord- und Ostsee sowie im Binnenland zur hansischen Gemeinschaft gehört.

Städte sollten sich aber an den Kosten beteiligen. Zehn Jahre danach, 1436, erklärten die Altmärker sogar, aus ihren Reihen nur noch einen Vertreter zu schicken. Die anderen gaben ihre Post an die Versammlung mit. Die Delegierten mussten Geschworene des Rates sein, und sie mussten von der gesamten Einwohnerschaft bevollmächtigt werden. Die Ratssendboten können also als Volksvertreter bezeichnet werden. Bei den Abstimmungen während des Hansetages war nicht ihre eigene Meinung gefragt, sie mussten auf jeden Fall den Standpunkt ihrer Stadtbewohner vertreten. Abstimmungen waren dadurch nicht immer leicht. Ihre Meinung konnten sich die Städte im Vorfeld zur Genüge bilden, denn mit der frühzeitigen Einladung zum Hansetag kam immer auch die Tagesordnung mit einer Liste der anstehenden Themen.

Im Sommer konnten die Gesandten auf der Elbe zur Tagfahrt reisen, im Winter ging es nur über den unsicheren Landweg. Die Sendboten wurden dann zum Schutz von Bewaffneten einer Stadt zum benachbarten Bündnispartner begleitet, dort übernahmen deren Waffenträger und so weiter bis zum Ziel.

Wie oft die altmärkischen Städte vertreten waren, lässt sich schwer sagen. Für einige Jahre aber ist die Teilnahme bekannt. So sollen beispielsweise die Ratsmänner Gerd Owerstede aus Stendal und Hermen Chuden aus Salzwedel im Jahr 1418 die Altmark vertreten haben. 1434 sollen sogar die Bürgermeister Ghize Schadewachten aus Stendal und Hans Ungnade aus Salzwedel nach Lübeck gereist sein.

Beschlüsse wurden meist nach der Diskussion gefasst, aber wohl nicht durch Abstimmung. Wenn der Vorsitzende der Versammlung dem Schreiber den Beschlusstext ins Protokoll, den Rezess, diktiert hatte, galt er als angenommen. Nicht durch Handheben wurde abgestimmt, sondern durch Schweigen. Wer keine Einwände vorbrachte, stimmte damit stillschweigend dem Beschluss zu. Wie so oft im Leben gab es natürlich nicht immer Einigkeit. Dann zeigten sich die hansischen Bundesbrüder einträchtig, die Minderheit schloss sich der Mehrheit an. Das galt auch für die Mitgliedsstädte, die nicht angereist waren. Sie mussten sich dem Beschluss der Tagfahrt beugen. Bei manchen Hansetagen gab es so viele Beschlüsse zu behandeln, dass Ausschüsse gebildet wurden, um das Verfahren abzukürzen. Den Vorsitz übernahmen meist die Städte, die vom Inhalt am stärksten betroffen waren. Wer unliebsamen Entscheidungen aus dem Weg gehen wollte, trat vorzeitig die Heimreise an. Geschrieben wurden die Rezesse meist auf Pergament, Papier wurde als unwürdig betrachtet für die Hanse-Urkunden. Am Ende der Tagfahrt wurden die Beschlüsse verlesen. Rechtsgültigkeit erhielten sie durch das Siegel der gastgebenden Stadt. Für die Städte, die von ihm vertreten wurden, nahm der Ratssendbote Abschriften der Rezesse mit.

Wenn der Hansetag den Beschluss gefasst hatte, war er damit nicht automatisch für die Mitgliedsstädte bindend. Denn: Der Hansetag war kein Gesetzgeber. Zum Gesetz wurden die Beschlüsse erst, wenn sie während der Gemeindeversammlungen in den Städten verlesen und in das jeweilige Stadtrecht aufgenommen worden waren. Dass hing wiederum vom Willen der gesamten Bevölkerung ab, wobei ebenfalls die Minderheit der Mehrheit folgte. Nicht jeder Hansetagsbeschluss wurde in den Städten umgesetzt. Vielmehr wurde zuerst die Frage beantwortet: Welchen Nutzen hat er für uns?

Die Abgesandten trafen sich meistens in Lübeck am hufeisenförmigen Tisch im Rats-

Das Holstentor in Lübeck („Holstein-Tor") ist das wohl bekannteste Stadttor des deutschen Spätmittelalters. Erbaut wurde es zwischen 1464 und 1478 im Zuge der Modernisierung der Befestigungsanlage in Richtung Trave. Die Mauern sind bis zu 3,50 Meter dick.

saal. Einige wenige Tagfahrten fanden in Braunschweig, Hamburg, Stralsund und Bremen, ja sogar je eine in Köln, Lüneburg und Greifswald statt. Der Hansetag war das oberste Organ der Gemeinschaft. Darum wurde die Teilnahme sehr ernst genommen, Abwesende hatten mit hohen Strafen zu rechnen. Es sei denn, sie schworen eine 1441 festgelegte Eidesformel für alle, die entschuldigt fehlten. In Chroniken überliefert ist die Formel: „Ik sware van unseres rades wegen, dat wy nicht sind gekomen tor dachwart to lubeke up reminiscere dat hebbe wy nicht gelaten mit vorsate edder to kost to sparende, men dat ist gescheen van eeliken notsaken unde nicht anders sunder arglist, dat my God so helpe und sine hilgen." Der Schwörende versicherte also, nicht mit Vorsatz oder aus Kostengründen fernzubleiben, sondern wegen eines Notfalls.

Insgesamt war das Interesse an der Teilnahme immer sehr gering. Schaut man in die Hansegeschichte, so gab es nur sehr wenige Tagfahrten mit mehr als 30 Teilnehmern. Die oben erwähnte Strafandrohung sowie Geldbußen konnten daran nichts ändern. Darum wurde 1418 eine Drittelung des Hansegebietes eingeführt, die altmärkischen Hansestädte gehörten zum lübisch-sächsischen oder lübisch-wendischen Drittel. Die Mitglieder kamen bei Bedarf zu Treffen zusammen. Regelmäßig und meist mehrmals im Jahr traten Regionaltage zusammen. Unter anderem wurden dort die regionalen Anliegen formuliert, die dem Hansetag vorgetragen werden sollten. Salzwedel soll im Jahr 1474 Gastgeber einer solchen regionalen Tagfahrt gewesen sein.

Das Verhältnis zwischen den Hansestädten war allerdings nicht immer so gut, wie es vielleicht den Anschein hat. Mitte des 15. Jahrhunderts gab es eine Zeit, für die das Verhältnis zwischen Stendal und Lübeck als abgekühlt bezeichnet werden kann. Was war passiert? Bürger aus Lübeck waren auf ihren Handelsreisen durch die Mark beraubt worden. Einmal hatte sich auch der Markgraf in der Nähe von Salzwedel an den Gütern (drei mit Wachs und anderen Waren beladenen Wagen) von Lübecker Händlern bedient. Angeblich waren sie ohne Zoll durch Salzwedel gefahren. Die Bitte der Stendaler und Salzwedeler Ratsherren zur Herausgabe wurde vom Markgrafen abgelehnt. Im Oktober 1460 tagte dann in Lübeck die hansische Versammlung und richtete eine Beschwerdeschrift an den Markgrafen. Erfolglos. Deshalb bat der Lübecker Rat die Stendaler darum, durch Vermittlung beim Markgrafen die Herausgabe des geraubten Geldes und der Waren zu erwirken. Dem kamen die Stendaler zwar nach, doch eine Antwort zog sich hin. Also nahmen sich auch der König von Dänemark und der Bischof von Lübeck im Jahr 1465 der Sache an. Mit Erfolg, es kam zu einer Einigung. Der Markgraf wollte zahlen, die altmärkischen Hansestädte sollten dies überwachen. Als das Geld jedoch nicht kam, hielten sich die erbosten Lübecker an die Stendaler Bürger. Sie machten ihnen Ärger im Handelsverkehr und hielten ihre Güter fest. Lübeck bat sogar die Hamburger, diese mögen die Arrestierung von Stendalern auf der Elbe gestatten. Mit den gegenseitigen Anschuldigungen ging es hin und her. Die Lübecker unterstellten Stendal im Jahr 1468, die Stadt wolle für Unruhe sorgen. Das hätten sie von einem hansischen Bundesgenossen nicht erwartet. Die Altmärker wandten sich daraufhin an ein Schiedsgericht der sächsischen Hansestädte, konkret an Magdeburg. Weil die Magdeburger aber in diesem Jahr nicht an der Tagfahrt teilnehmen und das Thema ansprechen konnten, wurde es auf 1469 vertagt. Beigelegt wurde der Streit

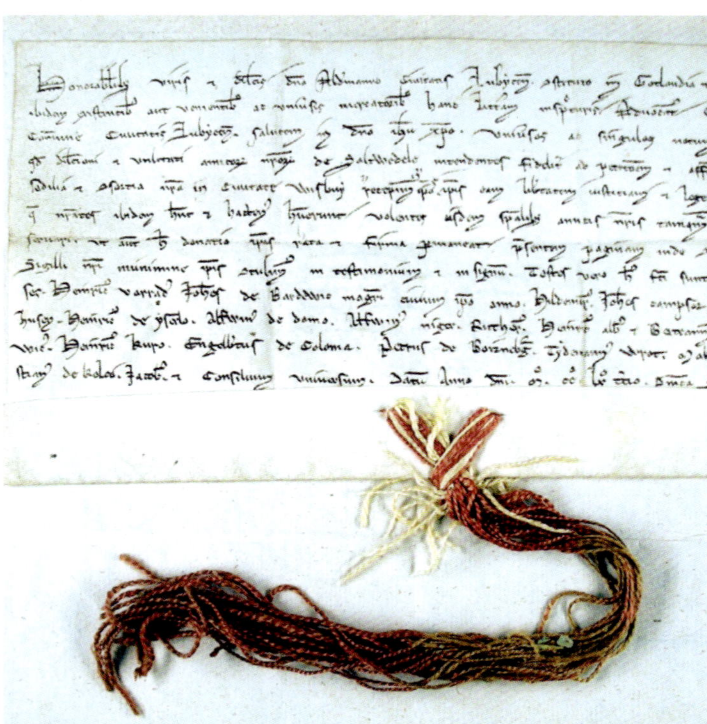

„Hanse"-Unkunde der Stadt Salzwedel aus dem Jahr 1263. Alt- und Neustadt Salzwedel wurde damit die Aufnahme in die Gotländische Gesellschaft auf Visby bescheinigt. Sie bekamen Sitz und Stimme und wurden gleichberechtigte Mitglieder der norddeutschen Hanse.

links: Eine der bedeutenden Hansestädte an der Ostsee, mit der die Altmärker in Kontakt standen, war Rostock. Dort steht das Kerkhoffhaus, ein Patrizierhaus aus dem 15. Jahrhundert. Es steht hinter dem Rathaus der alten Hansestadt an der Ostsee.

rechts: Die Tangermünder Stadtbefestigung mit der Roßfurt (um 1470, Doppeltor) und der imposanten Kirche St. Stephan im Hintergrund.

nächste Seite: Das Hochständerhaus in Salzwedel war ein Handels- und Brauhaus, es gehört zu den ältesten Gebäuden der Stadt. Gebaut wurde es vermutlich im 15. Jahrhundert.

allerdings erst 1472. In den Jahren zuvor war der Handel Stendals mit Lübeck allerdings erheblich unterbrochen.

Wie lange die altmärkischen Städte und die Prignitzstadt Havelberg wirklich zur Hanse gehört haben, lässt sich nicht für alle sicher sagen. Seehausen beispielsweise wird schon 1418 bei der Erneuerung der Hanse nicht mehr erwähnt. Bis 1480 lassen sich aber Kontakte nachweisen. Für Osterburg und Tangermünde ist die Mitgliedschaft bis zum Jahr 1478 belegt. Gardelegen wird letztmalig 1468 in einem Hansedokument genannt. Vielleicht dauerte die aktive Hansezeit dieser Städte aber noch einige Jahre länger, vielleicht bis 1488. Denn nach dem gescheiterten Bierziese-Aufstand in jenem Jahr, der Thema eines späteren Kapitels sein wird, forderte Kurfürst Johann Cicero den Austritt aus allen Bündnissen, auch aus der Hanse. Einige hielten sich wohl daran, einen urkundlichen Beleg dafür gibt es aber nicht. Stendal und Salzwedel auf jeden Fall fühlten sich an den kurfürstlichen Befehl nicht gebunden. Sie traten erst 1518 aus der Hanse aus, vermutlich nach Zerwürfnissen. Damit kamen sie dem Ausschluss, Verhansung genannt, zuvor, der im gleichen Jahr während der Tagfahrt in Lübeck offiziell vollzogen wurde. Unter anderem wurde den märkischen Städten vorgeworfen, in ihrem Gebiet den Handel mit Raubgut geduldet zu haben. Auch Berlin und Cölln (heute Berliner Stadtteil Neukölln) wurden in jenem Jahr ausgeschlossen, weil sie wie die beiden Altmarkstädte lange Zeit in der Hanse nicht aktiv und nicht mehr zu den Tagfahrten gekommen waren. Das lässt einige Historiker vermuten, dass 1518 ebenso als Austrittsjahr für Havelberg wahrscheinlich ist. Sie stützen diese Datierung auf den allgemeinen Niedergang der Hanse seit der Entdeckung Amerikas im Jahr 1492, die zu Veränderungen der Märkte und damit im Handel geführt hatte. Es könnte aber auch sein, dass Havelberg schon früher ausgeschieden ist, denn auf Druck des Kurfürsten waren einige Städte der Mark Brandenburg schon nach 1442 gezwungen gewesen, zeitweise die Hanse zu verlassen. Es gibt zudem Meinungen, dass Havelberg – wie andere märkische Städte – erst Mitte des 16. Jahrhunderts aus der Hanse ausgeschlossen wurde.

Die altmärkischen Städte versuchten später noch einmal die Wiederaufnahme, denn 1553 war es in London zu einer Wiederbelebung der Hanse gekommen. Vertreter aus Stendal, Salzwedel, Seehausen, Osterburg und Werben trafen sich 1554 in der Vogtei Meßdorf. Vermutlich waren auch Gardelegen und Tangermünde vertreten. Die Gesandten berieten mehrere Tage das Für und Wider einer erneuten Mitgliedschaft in der Hanse. Doch Einigkeit wurde nicht erzielt. Dennoch formulierten die Salzwedeler auf Wunsch von Stendal, Werben, Seehausen und Osterburg einen gemeinsamen Bittbrief an den Lübecker Hansetag. Doch die Hansemitglieder blieben kühl. Sie hatten noch nicht vergessen, dass die altmärkischen Städte aus eigenem Willen ausgetreten waren. Eine Entscheidung wurde nicht getroffen, denn viele der stimmberechtigten Hansetagteilnehmer waren schon abgereist, als der Antrag behandelt werden sollte. Die Altmarkstädte bekamen also keine zweite Chance. Ein weiterer Vorstoß der Salzwedeler im Jahr darauf blieb ebenfalls erfolglos. Im Jahr 1604 soll es von Seiten der Hanse noch einmal einen Versuch gegeben haben, Stendal als Mitglied zu gewinnen. Für eine Wiederaufnahme gibt es jedoch keinen Beleg. Sie ist vermutlich nicht erfolgt.

HERREN DEINE WEGE VNDT HOFFE AUF IHN ER WIRDTS WOLL MACHEN

Roggen, Bier und Pommernhering

Das vielfältige Angebot der Kaufleute

Der Handel blühte. Es gab fast nichts, mit dem nicht gehandelt wurde. Die altmärkischen Kaufleute brachten gute, solide Arbeiten der Handwerker ihrer Heimatstädte ebenso auf den Markt wie Rohstoffe und importierte Waren. Beteiligt waren die altmärkischen Kaufleute unter anderem am Handel mit Heringen, Kupfer, Pottasche, Waid zum Blaufärben von Stoffen, Pech, Leinwand, Heringstran und Schweinefett. Handelsgüter waren außerdem Eisen und Blei. Ganz oben auf der Liste stand aber der Handel mit Getreide. Die Altmark und die gesamte Mark Brandenburg gehörten zu den Hauptproduzenten von Roggen, Weizen und Gerste. Als mittelelbisches Hinterland für Hamburg hatte die Altmark eine große Bedeutung, denn von dort kamen die Biergerste und das Brotgetreide. Beides gehörte zu den wichtigsten Exportgütern Hamburgs in die Niederlande. Über Hamburg ging das Getreide auch nach Norwegen, denn wegen der stark steigenden Bevölkerungszahlen war Skandinavien ein lohnender Markt geworden.

Die Salzwedeler Kaufleute handelten neben dem Getreide mit Tuchen, Fellen, Soltmannbier, Honig und Holz. In die Altmark geholt wurden flandrische Tuche, Artikel aus Zinn und Kupfer, Gold- und Silberwaren, Wachs und Rauchwaren, aber auch Gewürze und tonnenweise pommersche Heringe, die beliebt als billiges Grundnahrungsmittel und in der Fastenzeit eine „Delikatesse" waren. Gehandelt wurde zudem mit Salz. Ab 1490 hatte Salzwedel das alleinige Vertretungsrecht für den Salzhandel in der Altmark. Zentrum des Salzwedeler Hansehandels war vermutlich der Hansehof an der Hohen Brücke in der Neustadt.

Die Seehäuser konnten wegen ihrer Acker- und Grünlandbewirtschaftung Vieh zum Verkauf anbieten. Neben Bier, Wein und Branntwein handelten die Kaufleute dort mit Raps, Viehhäuten, Wolle, Holz und Butter. Die Sitte, sich Butter aufs Brot zu schmieren, kam übrigens in den reichen Hafenstädten auf, die zur Hanse gehörten. In Skandinavien und Holland gab es damals einen Überschuss an Butter. Der nahrhafte Brotaufstrich wurde mit Salz haltbarer gemacht und überstand so auch längere Transporte. Salz war zur Hansezeit ebenso wichtig wie Brot, denn neben Butter konnten so Fleisch und Fische für den Transport haltbar gemacht werden.

Seehausen war zudem Umschlagplatz für Wolle und Tuche aus Flandern, Seesalz sowie goldene und silberne Gefäße. Eingeführt wurden ausländische Gewürze und Kolonialwaren.

Gardelegen wird sicher auch mit Getreide und Leinwand gehandelt haben, vermutlich zudem mit Böttcher- und Töpferwaren. Auf jeden Fall aber mit Hopfen, der wegen seiner guten Qualität in den norddeutschen Bierhochburgen sehr ge-

links: Im Klostergarten in Stendal, hinter dem Altmärkischen Museum, wächst Hopfen. Im Mittelalter gehörte er zu den Hauptwaren der Kaufleute. Der Garten gehörte zum ehemaligen Katharinenkloster, das im 15. Jahrhundert errichtet wurde.

rechts: Trinkgefäß aus Glas aus dem 14./15. Jahrhundert (Danneil-Museum Salzwedel)

Ansicht der Stadt Gardelegen (Mitte 17. Jahrhundert), Kupferstich von Matthaeus Merian aus der Topographia Electoratus Brandenburgici (Ausschnitt)

Der ehemalige Hansehof an der Hohen Brücke in Salzwedel soll im Mittelalter das Zentrum des Warenumschlags gewesen sein. Das Fachwerkhaus wurde auf den Grundmauern eines Vorgängerbaus errichet, der als Kaufhaus genutzt worden war.

schätzt wurde. Seit dem 13. Jahrhundert wurde mit dem Gerstensaft gehandelt, besonders in den Seestädten. Als im 15. Jahrhundert Wege gefunden worden waren, das Bier für einen längeren Weg haltbar zu machen, stiegen die Binnenstädte in das Geschäft ein. Unter ihnen Gardelegen mit dem „Garley". Die Gardeleger setzten aber nicht nur im Fernhandel auf ihr gutes Bier, sondern auch am heimischen Tisch. In der Stadtordnung von 1450 wurde die Einfuhr und der Ausschank von auswärtigem Bier verboten. Gebraut werden durfte das Bier von den Mitgliedern der Brauergilde nur nach den Vorschriften des Rates, die regelmäßig von den vom Rat bestellten Bierschenken überprüft wurden.
Mit ihrem Bier erlangten die Gardeleger zur damaligen Zeit sogar ein wenig Berühmtheit. Es soll sogar den Ruf gehabt haben, Medizin zu sein und mit dem edleren Wein konkurrieren zu können. Selbst in Gedichten soll das Bier besungen worden sein. Über die Hansezeit hinaus war das Bier der führende Exportartikel aus Gardelegen, es war in Franken und Bayern ebenso gefragt wie in Skandinavien und Russland. Wie wichtig den Gardelegern ihr Bier war, belegen das noch heute gültige Stadtwappen sowie alte Siegel aus dem 14. Jahrhundert: Sie zeigen den Hopfen. Das Recht zum Malzen war den Städten Gardelegen, Stendal, Tangermünde und Osterburg schon 1314 verliehen worden. In Tangermünde soll es Ende des 15. Jahrhunderts rund 80 Brauereien gegeben haben.
Kaum zu glauben, aber wahr: In der Altmark wurde im Mittelalter Wein angebaut. Stendal hatte 1249 eigens dafür von den Brüdern Johann I. und Otto III. 60 Morgen Land geschenkt bekommen. Der altmärkische Wein soll sogar nach Russland exportiert worden sein. Ganz überzeugt waren die Altmärker aber nicht von der Qualität des heimischen Rebensaftes, denn in Tangermünde zum Beispiel wurde nur fremder Wein ausgeschenkt. Dort hieß es: „Vinum ut der alten Mark – hergestellt ut Quark". Weinanbau soll es bis zum Dreißigjährigen Krieg gegeben haben. Teils wurde der Wein pur getrunken, teils vermischt mit Honig, Kirschen oder Himbeeren.

Wie die Nachbarstädte auch, hatte Tangermünde Handelsbeziehungen, die über die deutschen Lande hinausreichten. Geschäfte gemacht wurden bis nach Flandern und England. Der Handel mit Getreide, Tuch und Holz war in Tangermünde führend. Der Holzhandel gehörte neben dem von Havelberg zu den bedeutendsten an der Elbe. Eichen- und Tannenholz in Stämmen wurden ebenso angeboten wie Bretter. Aber auch Kuh- und Schafhäute wurden auf den Planwagen der Kaufleute zu den Handelsplätzen gefahren. Von der Ostsee brachten Tangermünder Kaufleute Heringe mit, die nach Berlin weiterverkauft wurden. Für die Kirchen und Klöster wurden goldene und silberne Gefäße mit in die Altmark gebracht.
In Havelberg, wie sollte es bei der guten Lage an zwei Flüssen anders sein, gehörten Fische zum Handelsgut. Mühlsteine wurden aber auch gehandelt.
Vom Rat wurden die Rechte für die Produktion vergeben. Der Gardelegener Stadtrat bot zum Beispiel das Braurecht für „zwölf gute Gardelegische Mark" an. Frauen mussten nur die Hälfte zahlen. Mit solchen Geschäften kam Geld in die Stadtkasse. Auch auf den Verkauf der Waren und Produkte in den Städten hatte der Rat ein Auge. Er kontrollierte

Maße und Gewichte, den Kauf und Verkauf auf dem Markt und in Verkaufsläden sowie die Qualität. Die Stendaler Tuchmacher, die in der Weberstraße ansässig waren, durften ihre Tuche nur in Ballen und auf den Märkten in der vorgeschriebenen Länge von 28 Ellen oder zu einem bestimmten Gewicht anbieten. Wer dies manipulieren wollte, musste mit harten Strafen rechnen. Hatte jemand minderwertige Stoffe eingearbeitet wie Kratzwolle oder Leinenfäden, konnte er für ein Jahr aus der Gilde ausgeschlossen werden. Die Stendaler Tuchmacher kauften ihr Rohmaterial wahrscheinlich auf den Jahr- und Wochenmärkten im Braunschweigischen, Helmstädtischen, Magdeburgischen und Oebisfeldischen.

Wenn die Qualität der Waren nicht den Ansprüchen der auswärtigen Kunden entsprach, gab es über die Hanse Nachricht darüber. So informierte die Stadt Hamburg im Jahr 1504 die Salzwedeler darüber, dass es aus England Klagen gab über die zu geringe Länge und zu schlechte Qualität von Leinwand, die aus Salzwedel bezogen worden war. Die Hamburger selbst sorgten aber auch für Hindernisse im Handel. So führten sie 1448 den Stapelzwang für Getreide ein, ab 1482 mussten zudem Wein und Bier gestapelt werden. Daraus ergab sich für die Hamburger Kaufleute ein einträgliches Vorkaufsrecht zu Preisen, die sie diktierten. Ab 1488 mussten die Städte zudem Zölle für den Getreidehandel zahlen, einer der Pfeiler des altmärkischen Warenverkehrs. Das war aber nicht immer so. Während einige Landesherren sich durch Zölle die leeren Kassen füllten, gab es andernorts Zugeständnisse, um den Handel zu fördern. Hamburg zum Beispiel hatte im 13. Jahrhundert den Kaufleuten aus Stendal und Salzwedel die Zölle erlassen, wenn sie ihre Waren in Hamburg verkauft oder dort Waren für ihre Heimat erworben haben. Gezahlt werden mussten die Zölle aber, wenn die Altmärker ihre Waren über Hamburg nach Flandern und andere Seestädte ausführen wollten.

Der hansische Handel war aus verschiedenen Gründen sehr vielfältig. Zum einen sollten die Handelskarawanen möglichst ausgelastet werden, zum anderen wollten die Handelsherren ihren Gewinn dadurch optimieren, dass sie möglichst viele Kundenwünsche bedienen konnten.

Die Salzwedeler „Kluhs", eine ehemalige Zehntscheune (Abgabenspeicher), wurde im 15./16. Jahrhundert gebaut. Der Fachwerkbau ist recht einfach gehalten und schmucklos.

Jeetze-Schiffer, setz' die Segel!

Handelswege durch die Altmark

Eine gute Lage macht sich bezahlt, heute ebenso wie schon vor Jahrhunderten. Für den hansischen Handel der Altmark war nicht nur die Lage an Elbe, Havel und Jeetze von Vorteil, sondern auch die damals wichtigen Handelsstraßen, die durch die alte Mark führten.

Schon im 14. Jahrhundert kann für die Altmark von einem soliden Verkehrsnetz gesprochen werden. Durch die Region führten Routen, die fest zum Handelsnetz der Hanse gehört haben. Hier kreuzten sich wichtige Handelswege, die einen Zugang zu den mächtigen Städten an Nord- und Ostsee boten. Es ist sicher nicht übertrieben, die Altmark während der Hansezeit als bedeutenden Verkehrsknotenpunkt zu bezeichnen. International waren die Eckpunkte des Hansehandels die Niederlassungen Nowgorod im Osten, Bergen im Norden, London und Brügge im Westen. Wege in all diese Richtungen führten durch die Altmark. Die Handelsbeziehungen waren weitreichend. So konnte im Tangermünder Ratskeller neben dem einheimischen Bier auch Malvasierwein aus Griechenland oder der Lautertrank von der Mosel angeboten werden.

Wer sich an der Furt bei Tangermünde vom Fährmann übersetzen ließ, konnte über Fischbeck und Genthin nach Brandenburg und Berlin reisen. In die andere Richtung ging es unter anderem nach Gardelegen und von dort weiter nach Braunschweig oder auf die so genannte Kornstraße, die von Magdeburg nach Bremen führte. Von Gardelegen aus konnten die Kaufleute aber auch in Richtung Salzwedel aufbrechen und von dort weiter nach Lüneburg zu den Salzlagerstätten. Der Weg führte von Gardelegen über Ackendorf und Berge, Kalbe und Lüge, Mahlsdorf nach Salzwedel. Um den Zustand der Straße sorgten sich auch die Landesherren, die von einem gewinnbringenden Handel profitieren konnten. Kurfürst Johann Cicero befahl 1487 denen von Alvensleben zu Kalbe, die Dämme bei Güssefeld und nahe Klein Engersen auszubessern, damit die Kaufleute und Fuhrmänner sie nicht umfahren müssen, was ihnen Unkosten bereiten könnte.

Eine andere Strecke verband Magdeburg, Gardelegen und Lüneburg über Uelzen, Diesdorf, Jübar, Immekath und Breitenfeld. Nach Lüneburg über Salzwedel gelangten Handelsreisende aus dem Osten über Tangermünde und Stendal. Die Verbindung Stendal-Salzwedel soll über Uenglingen, Schernikau, Meßdorf und Plathe geführt haben.

Über Stendal ging zudem der Weg von Wittenberge nach Magdeburg, der die Hansestädte Osterburg und Seehausen sowie die Dörfer Erxleben, Ziegenhagen, Häsewig, Groß Schwechten und Borstel passierte. Von Stralsund kommend wurden über Pritzwalk, Wilsnack und Werben die Städte Stendal und Tangermünde und Dörfer wie Iden, Hindenburg, Lindtorf und Hassel in Richtung Magdeburg passiert.

Wenn es darum ging, die Handelswege zu erschließen, zeigten sich die Altmärker sehr innovativ. Seehausen zum Beispiel richtete den Kammerhof ein, eine 1409 durch die Verleihung von Jobst von Mähren erstmals urkundlich erwähnte Fähranlegestelle an der Elbe. Das städtische Vorwerk ist vielen als Kamps bekannt, wahrscheinlich eine Verkürzung des Namens. Dort wurden die ankommenden

links: Die Stadt Havelberg profitierte von ihrer Lage an zwei schon im Mittelalter bedeutenden Flüssen: Elbe und Havel. Die Altstadt liegt auf einer Insel.

rechts: Ansicht der Stadt Havelberg (Mitte 17. Jahrhundert), Kupferstich von Matthaeus Merian aus der Topographia Electoratus Brandenburgici (Ausschnitt)

nächste Seite: Die Jeetze innerhalb Salzwedels wurde mit speziellen Kähnen befahren. Die sehr flachen Boote konnten Lasten bis zu 180 Zentner transportieren. Bei ungünstigem Wind wurden sie getreidelt oder mit Stangen vorwärts gestoßen. Über die Jeetze konnten die Waren direkt aus der Stadt zum Verladen an die Elbe gebracht werden.

Schiffe entladen und die Waren mittels Fuhrwerken über den Steindamm nach Seehausen transportiert. Zum Schutz des Warentransportes entstand in der Nähe eine Burg, bezahlt von den Seehäuser Bürgern.
Im Jahr 1429 wurde zwischen Vielbaum und Geestgottberg eine weitere Fährstelle über den Aland errichtet, genannt Fähre Rethfeld. Von Seehausen aus wurden die Waren auf dem Landweg weiter bis nach Lübeck, Wismar und Rostock gebracht. Über die Elbe wurden Güter nach Hamburg verschifft und von dort weiter bis in die Niederlande. Seehausen profitierte vom Durchgangshandel, denn er bot lohnende Zolleinnahmen.
Auch wenn die Salzwedeler an der bekannten Salzstraße nach Lüneburg lagen, nutzten sie hauptsächlich ihre Wasserwege für den Warentransport. Mitte des 13. Jahrhunderts soll der Hafen der Stadt hinter Tangermünde der zweitgrößte Warenumschlagplatz in der Altmark gewesen sein. Zum Transport der Handelsgüter auf der Jeetze gab es spezielle Kähne. Sie waren flach und breit ausgelegt, sie konnten mit 120 bis 180 Zentnern Gesamtgewicht beladen werden. War das Wetter gut, wurde gesegelt. Bei Flaute musste getreidelt oder der Kahn mit Stangen nach vorn gestoßen werden. Schon Ende des 13. Jahrhunderts wurde Wasser aus der Dumme nach Salzwedel geleitet, um den Wasserstand der Jeetze zu erhöhen und die Bedingungen für die Flussschifffahrt zu verbessern. Über die Jeetze und die Dumme hatten die Salzwedeler bei Hitzacker Anschluss an die Elbe. Von dort wurde der Nord- und Ostseeraum beliefert. Wie Salzwedel nutzten auch andere Binnenstädte ihre kleinen Wasserläufe als Bindeglied zum hansischen Handel. Dort wurden meist Flöße oder so genannte Prähmen benutzt.
Beste Voraussetzungen für den Handel über den Wasserweg hatte Havelberg, denn die Stadt konnte die Elbe und die Havel nutzen. Es ist daher nicht verwunderlich, dass der Schiffbau in der Stadt aufblühte und der Schifferberuf ausgeübt wurde. Darum wurden nicht nur Waren aus Havelberg transportiert, sondern auch von auswärtigen Kaufleuten.
Die Prignitzstadt konnte neben den Wasserstraßen von ihrer guten Lage an der wichtigen Verbindungsstraße profitieren, die von Norden über Wilsnack nach Havelberg und weiter über Rathenow nach Berlin führte. Für alle Städte galt: Ohne ein entsprechendes Straßennetz hätte auch der Handel auf den Wasserwegen nicht so reibungslos funktioniert.

Die Handelsstraßen zur damaligen Zeit waren anfangs festgetretene oder festgefahrene Naturwege. Die Straßen dienten allerdings nicht allein dem Warentransport, sondern auch für Pilgerreisen oder Botenritte. Ob sie benutzt werden konnten, hing oft vom Wetter ab. Zunehmend wurden die Wege ausgebaut und befestigt. Auf breiteren Straßen konnten so auch entgegenkommende Kolonnen problemlos passieren, der Weg wurde nicht blockiert. Bis zum 12. Jahrhundert waren Einachser verbreitet, danach wurden für den Transport großer Warenmengen Zweiachser eingeführt, ebenso die Deichsel und das Pferdegeschirr für Mehrspänner.
Auch wenn die Hanse für den Fernhandel steht, soll der florierende Nahhandel nicht unerwähnt bleiben, der unter anderem zwischen den Städten der Altmark und der Prignitz betrieben wurde. Zu den Jahrmärkten kamen regelmäßig Krämer und Gewerbetreibende aus den Nachbarstädten, um Leinen, Tuche, Holzgeräte, Schuhe und anderes anzubieten. Einer der bekanntesten Märkte war der Dionysiusmarkt in Salzwedel, den es noch heute gibt. Erstmals urkundlich erwähnt wurde der Kram- und Viehmarkt im Jahr 1351. Anfangs dauerte er acht Tage, später vier. Die Händler kamen aus dem Umland, aber auch aus Jütland und Mecklenburg.
Damals galt für den Handel der Grundsatz „Kauf auf Gesicht". Nur die Ware, die greifbar vor dem Kunden oder Geschäftsmann lag, wurde tatsächlich erworben. Wenn die Sachen gewogen werden mussten, dann geschah dies auf öffentlichen Waagen.

links: Blick auf die Havelberger Stadtkirche St. Laurentius, die immer im Schatten des mächtigen Domes stand. Als gotische Hallenkirche bekam sie in der zweiten Hälfte des 13. Jahrhunderts ihr Aussehen, romanische Elemente deuten aber auf einen Kirchenbau bereits im 8./9. Jahrhundert hin.

rechts: Blick auf Tangermünde mit der dominierenden Stephanskirche und der gut erhaltenen Burganlage. Die Lage an der Elbe war für die Tangermünder Kaufleute von großem Vorteil, denn so hatten sie direkten Zugang zu den großen Häfen an der Nordsee. Bei Tangermünde setzte zudem die Fähre über, die die Kaufmannskarawanen in Richtung Brandenburg und Berlin benutzen mussten.

Gemeinsam für die Sicherheit

Die Bündnispolitik der altmärkischen Städte

Gemeinsam sind wir stark – gegen den Landesherren, gegen die umherziehenden Räuberbanden, im Kampf für die Rechte und Privilegien. Schon früh hatten die altmärkischen Hansestädte erkannt, dass sie ihre Interessen im Verbund besser wahren können. Die Hanse war zwar eine große Familie, doch deren Ziel war ein wirtschaftlicher Vorteil. Um vor Ort vor der Willkür des Landesherren, vor Gewaltaten, vor Überfällen auf den Handelsstraßen geschützt zu sein, gab es zahlreiche regionale Bündnisse. Sie waren unabhängig von der Hanse – und sie waren notwendig, denn von allgemeinem Frieden im Land konnte im Mittelalter keine Rede sein. Stendal soll während der Hansezeit Mitglied in insgesamt 27 regionalen und überregionalen Bündnissen gewesen sein, Osterburg in 17 dieser Zusammenschlüsse, Tangermünde in 16, Salzwedel in 14, Gardelegen und Seehausen in 12 und Werben in 11. Alle altmärkischen Städte gemeinsam sollen aber nur in fünf Bündnissen vertreten gewesen sein. Die zeitlich begrenzten Bünde wurden immer wieder überprüft und bei Bedarf verlängert. Sie hatten nicht die Aufgabe, die Privilegien der reichen Kaufleute zu schützen, sondern waren von ihrer Art her Beistandspakte der Städte.
Eine erste Einigung zwischen den Städten gab es im Jahr 1321 bei einem Treffen in Stendal. Die Städte Stendal, Werben, Seehausen, Salzwedel, Gardelegen, Tangermünde und Osterburg schlossen sich mit den Rittern aus den zugehörigen Vogteien und aus der Vogtei Arneburg zusammen, um das bestehende Recht zu wahren und Gewalt und Verbrechen abzuwehren. Denn in den Jahren nach dem Tod von Markgraf Waldemar (1319) befand sich die Region in einer tiefen Krise. In den Jahren 1331 und 1334 wurde der Vertrag erneuert, denn er hatte sich als äußerst stabil erwiesen. Zum gemeinsamen Kampf gegen Unrecht schlossen zehn Jahre später, also 1344, die Städte Stendal, Alt- und Neustadt Salzwedel, Gardelegen, Osterburg und Tangermünde ein Bündnis. Darin ging es darum, dass ein Straftäter aus der einen Stadt auch in den anderen Städten verfolgt und bestraft werden sollte.
Ein weitreichenderes Bündnis wurde 1349 in Spandau unterzeichnet, dem sich die altmärkischen Städte sowie Havelberg und andere Prignitzstädte anschlossen. Es wurde die gemeinsame Abwehr von Rechtsbrüchen und Gewalttaten vereinbart. Havelberg war schon 1325 einem Städtebündnis der Prignitz beigetreten. Da die Altmark ebenso wie die Prignitz zur Mark Brandenburg gehörte und damit demselben Landesherren diente, gab es immer wieder eine Zusammenarbeit. Die gab es natürlich auch innerhalb der Binnenhanse, also zum wirtschaftlichen Vorteil. In den Folgejahren wurden weitere Bündnisse geschlossen, die Besetzung war wechselnd. Wie ihre Ausrichtung, denn bei den einen ging es um den Kampf gegen das Raubwesen und die Sicherung der Handelswege, bei anderen um den Schutz

links: Das Beustertor in Seehausen, ein spätgotischer Backsteinbau mit Durchfahrt, stammt aus dem 15. Jahrhundert. Es ist das letzte erhaltene Stadttor Seehausens.

rechts: Gesteppter Waffenrock aus dem Stendaler Rathaus (2. Hälfte 15. Jahrhundert, Altmärkisches Museum Stendal)

Ansicht der Stadt Stendal (Mitte 17. Jahrhundert), Kupferstich von Matthaeus Merian aus der Topographia Electoratus Brandenburgici (Ausschnitt)

Die Wallanlage in Stendal ist noch weitgehend erhalten und bildet einen Ring um die historische Altstadt. Heute ist der Wall eine beliebte Strecke für Spaziergänger.

der städtischen Privilegien oder vor Übergriffen des geistlichen Gerichtes. Im Jahr 1353 unterzeichneten Vertreter aus Stendal, Werben, Gardelegen, Seehausen, Osterburg und der Altstadt Salzwedel eine „Einigung zur gemeinsamen Handhabung und Verfestung, zu voller Gemeinschaft in Territorialangelegenheiten, zur gegenseitigen Unterstützung des Rechts der einzelnen und der Abwehr jeder Verunrechtung." Es handelte sich um ein Abkommen gegen Raub, Mord, Brand und sonstige Gewalttaten und damit zum Schutz der öffentlichen Sicherheit. Per Brief oder Boten sollte die in Not geratene Stadt ihre Partner um Hilfe bitten. Die Unterzeichner des Bündnisvertrages verpflichteten sich, ein bestimmtes Kontingent an Bewaffneten für diese Art Landwehr zu stellen. Stendal als größte Stadt sollte 14 Lanzenträger und vier Schützen schicken, Werben als kleinster Partner zwei Lanzenträger und einen Schützen. Gardelegen war mit sieben Lanzenreitern und zwei Schützen dabei, die Altstadt Salzwedel mit sechs Reitern und zwei Schützen, Osterburg mit drei Lanzenreitern und einem Schützen, Seehausen mit sieben Lanzenträgern und zwei Schützen. 33 Jahre später, im Jahr 1386, wurde mit Genehmigung des Landeshauptmannes der Altmark, Leuthold von Krumsdorf, dieses Landfriedensabkommen erneuert. Dabei wurde die Zahl der Lanzenträger und Schützen pro Stadt erhöht. Das Gesamtkontingent betrug nun 53 Lanzenträger und 18 Schützen.

Einige Jahre zuvor, im September 1379, hatten mit Genehmigung von Markgraf Sigismund die Städte Stendal, Gardelegen, Osterburg und Tangermünde ein Bündnis mit den Städten Magdeburg, Calbe an der Saale, Haldensleben und anderen sowie dem gesamten Erzstift Magdeburg geschlossen. Es ging um gemeinsamen Schutz und die Bekämpfung des Raubwesens. So war es gestattet, dass bei der Verfolgung eines Täters die Grenzen eines Bündnispartners überschritten werden durften.

Im Jahr 1392 taten sich die Städte Gardelegen, Tangermünde, Stendal, Osterburg und Werben zum Schutz vor Übergriffen geistlicher Gerichte zusammen. Besonders vor dem zuständigen Gericht des Bistums Halberstadt wollten sich die Städte schützen. Es galt, gegenüber dem Klerus die städtischen Interessen zu verteidigen.

Nicht immer konnten die Städte ihrer Verpflichtung nachkommen und entsprechend viele Lanzenreiter und Bogenschützen schicken. Dann wurden sie zur Kasse gebeten, wobei der hilfesuchende Bündnispartner das Geld für die Verteidigung ausgeben musste.

Zu den Festlegungen solcher Verträge gehörte auch, wer im Einsatzfall die Soldaten der Städte versorgen muss. 1393 beispielsweise wurde in einem Bündnisvertrag zwischen Stendal, Osterburg, Seehausen und Werben formuliert: Die Stadt, die die Mannschaften anderer Städte anfordert, muss am ersten Tag für die Verpflegung von Männern und Pferden sorgen. Für den zweiten bis siebten Tag übernehmen die Heimatstädte der Bewaffneten die Kosten, danach ist wieder die Hilfe suchende Stadt mit dem Bezahlen an der Reihe.

Nicht nur in ihrem Territorium wollten die altmärkischen Städte sichere Wege für die Handelszüge, sondern auch darüber hinaus. Und so schlossen sie verschiedene überregionale Bündnisse. Zum Beispiel im Jahr 1402. Die Städte Stendal, Gardelegen, Werben, Seehausen, Osterburg und Tangermünde taten sich mit Adligen und Rittern der Region sowie den Herzögen Bernd und Heinrich von Braunschweig-Lüneburg zusammen. Den Schutz durch die mächtigen Herren ließen sich die Städte etwas kosten. Zusätzlich zu einer jährlichen Steuer von 220 Mark zahlten sie den Herzögen 800 Mark. Salzwedel hatte schon im Jahr 1400 einen ähnlichen Schutzvertrag mit Herzog Erich von Sachsen-Lauen-

burg ausgehandelt. Er wurde zwei Jahre später erneuert. 1406 schlossen die Salzwedeler zudem einen Vertrag mit den Herzögen von Braunschweig-Lüneburg.
Die „sieben altmärkischen Städte" – als solche traten sie in einigen Schreiben auf – unterzeichneten im September 1436 ein Bündnis. Es handelte sich um ein sehr umfassendes Abkommen, denn es regelte die gemeinsame Verfolgung von Straßenräubern und Mordbrennern ebenso wie die gemeinsame Besendung der Hansetage.
Stendal tat sich 1476 außerdem mit Magdeburg, Braunschweig, Halle, Halberstadt, Goslar, Hannover und anderen Städten zusammen, um gemeinsam gewappnet zu sein gegen Straßenräuber und Übergriffe westfälischer Femegerichte. Eines der letzten Bündnisse der Altmarkstädte, Gardelegen war diesmal nicht dabei, wurde im Jahr 1478 geschlossen zum Schutz vor Übergriffen durch „Herren und Fürsten", zur Verteidigung der Privilegien. Dies ist das Dokument, in dem Osterburg und Tangermünde letztmalig als Hansestadt genannt werden.
Stendal war zudem Mitglied im Sächsischen Städtebund, auch Tangermünde, Salzwedel und Seehausen waren ein- oder zweimal an Bündnissen des Bundes beteiligt. Führende Städte des Zusammenschlusses, dessen gemeinsames Band vermutlich die Hanse und damit gleiche politische und wirtschaftliche Interessen waren, waren Magdeburg und Braunschweig. Um sie herum gruppierten sich der östliche und der westliche Teil. Innerhalb des Sächsischen Städtebundes gab es dennoch territoriale Besonderheiten. Dazu zählte der feste Zusammenhalt der altmärkischen Städte. Gemeinschaftsorgan war der Städtetag, der nach 1426 jährlich zwischen Ostern und Pfingsten meist in Braunschweig getagt hat. Daran soll Stendal zwischen 1459 und 1483 acht Mal teilgenommen haben. Auch wenn Gardelegen selbst nicht zum Sächsischen Städtebund gehört hat, fanden dort Zusammenkünfte statt. Innerhalb der Hanse galt der Sächsische Städtebund als der bestorganisierteste Zusammenschluss.
Als in den Regionen die Städtebündnisse schon zur Regel gehörten, reagierte endlich auch die Hanse. 1418 ergriff sie beim Hansetag in Lübeck die Initiative und bildete das erste hansische Verteidigungsbündnis zum Schutz der Handelswege und zur gegenseitigen Hilfe in Konfliktfällen. Zu den Erstunterzeichnern gehörten Stendal und Salzwedel und weitere 45 Hansestädte. Diese Bünde wurden Tohopesaten genannt, sie zeigten allerdings wenig Wirkung. Wie auch Seehausen, Osterburg und Tangermünde gehörten Stendal und Salzwedel zum Hamburgischen Drittel, denn das Bündnis war dreigeteilt. Die Städte der Altmark waren zu verschiedenen Zeiten aktiv in dem Zusammenschluss, aber nie gemeinsam. Als 1451 die Tohopesate endgültig vertraglich festgeschrieben wurden, waren die Städte der Mark Brandenburg schon nicht mehr beteiligt. Die Mitglieder eines dieser hansischen Bünde sollten sich bei Gefahren gegenseitig warnen und unterstützen. Bei lokalen Auseinandersetzungen sollten zunächst vier Nachbarstädte alarmiert werden. Sollten diese nicht ausreichen, mussten vier weitere Städte benachrichtigt werden. Und sollten es auch die acht Partner nicht schaffen, den Feind zu besiegen, dann würde der gesamte Bund aktiv werden. In den Verträgen wurden die Kontingente für jede Stadt festgelegt. In der Vereinbarung von 1418 waren für Salzwedel drei Gewappnete und zwei Schützen festgeschrieben. Stendal hatte einen personellen Beitrag zur Truppe abgelehnt und beteiligte sich stattdessen finanziell.
In vielen Fällen haben die Bündnisse ihren Zweck erfüllt, doch letztendlich boten sie keinen absoluten Schutz vor der Macht des Landesherren. Nach dem Bierziese-Aufstand im Jahr 1488 mussten die Städte aus sämtlichen Bündnissen austreten.

Der um 1370 erbaute Salzwedeler Karlsturm gehörte einst zur Altperver Toranlage. Mit etwa 20 Metern Höhe, einer Mauerstärke von fast zwei Metern und einem Durchmesser von 8,80 Metern ist der Turm eines der markanten Gebäude in der Stadt. Der Sockel ist aus Feldsteinen gefertigt. Zu den besonderen Kennzeichen des Karlsturmes gehören der oben umlaufende Spitzbogenfries und zehn Felder mit den Wappen von Erzbischöfen, Kurfürsten und Markgrafen.

nächste Seite: Panorama der Stadt Tangermünde. Dominiert wird die Ansicht von der Stephanskirche und der sehr gut erhaltenen Befestigungsanlage mit der Rossfurt, dem Ausgang der Stadt zur Elbe.

30

Im Heerbann für die Heimat

Stadtbefestigungen und die Organisation der Verteidigung

An Frieden im Land ist nicht zu denken. Immer wieder fallen Bewaffnete über die Altmark her, plündern Dörfer oder überfallen Handelskarawanen. Im Jahr 1372 kommt es zu einem Kampf nahe der Ortschaft Deetz. Bewaffnete aus dem Harz und dem Magdeburgischen unter Führung der Grafen von Wernigerode und von Regenstein sind auf ihrem Beutezug in die Altmark eingefallen. Beherzt schwingt sich der Schulze aus Badingen aufs Pferd, um die Stendaler um Hilfe zu bitten. Der Stendaler Rat mobilisiert seine Truppen, darunter Armbrustschützen, schickt sie unter der Führung von Werner von Kalbe den Räubern entgegen. Die Stendaler haben die Überraschung auf ihrer Seite, sie erringen den Sieg. Aber auf beiden Seiten gibt es viele Opfer, auch Werner von Kalbe stirbt auf dem Schlachtfeld. In Dankbarkeit stiften der Rat und die Gildemeister ein öffentliches Almosen, das in jedem Jahr am Freitag nach Allerheiligen verteilt werden soll...

Dieses Beispiel zeigt, wie unsicher die Zeiten waren. So wie die Dörfer waren auch die Städte vor Angreifern nicht sicher. Sie konnten aber reagieren und die Befestigungen ausbauen. Denn dank des florierenden Hansehandels hatten die Städte ausreichend Geld dafür. So viel sogar, um prachtvolle Tore bauen zu können. Zinnengeschmückte gotische Tore, die nicht nur einen praktischen Nutzen hatten, sondern vom Wohlstand und Stolz der Bürger künden sollten. Und davon, dass die Stadt bereit war, für ihre Freiheit zu kämpfen.

In Stendal wurde Mitte des 14. Jahrhunderts mit dem Ausbau der Stadtbefestigung begonnen. Es wurden Wälle und starke Mauern errichtet. Diese wurden immer wichtiger, denn im 15. Jahrhundert kamen Feuerwaffen auf, mit denen Breschen in die Befestigung geschlagen werden konnten. Die meisten Tore waren kleine Festungen. Zwischen dem Vor- und dem Haupttor gab es einen Zwingerhof. Selbst wenn Feinde bis dorthin gelangten, konnten sie von oben mit Wasser, Steinen oder Teer überschüttet und so bekämpft werden. Einige Tore waren mit Zugbrücken versehen. Innerhalb der Stadtmauer gab es an strategisch wichtigen Punkten so genannte Wiekhäuser. Eines gibt es noch am Nordwall in Stendal. Wiekhäuser waren Aufbauten innerhalb der Stadtmauern. In einigen Orten wurden sie zu kleinen Mauerhäusern oder –türmen ausgebaut. Sie sollten die Mauern stabiler machen und übernahmen im Verteidigungsfall die Funktion von Wehrgängen.

Zurück zu den Stadttoren. Werben hatte einst fünf Tore, heute steht nur noch das Elbtor. Erbaut wurde es um 1460, als Baumeister wird der damals sehr bekannte Stephan Buxtehude genannt. Erhalten sind zudem noch einige Reste der Stadtmauer aus dem 13. Jahrhundert.

Von den früher vier Stadttoren in Seehausen ist heute noch das Beustertor aus dem 15. Jahrhundert erhalten. Das Vieh-, das Stein- und

links: Das Uenglinger Tor in Stendal wurde um 1450/60 gebaut. Nach dem Lübecker Holstentor soll es das schönste gotische Backsteintor im Norden Deutschlands sein. Der Turm, dessen Bau Stephan Buxtehude zugeschrieben wird, ist 27,5 Meter hoch. Das Tor mit der spitzbogigen Durchfahrt ist der Rest einer größeren Anlage.

rechts: Die Hellebarde gehörte zu den gängigen Waffen im Mittelalter. Das Schwert (beides Danneil-Museum Salzwedel) musste mit beiden Händen gehalten werden und wurde darum Bindenhänder genannt.

Der Pulverturm in Stendal ist der letzte erhaltene aus einer Reihe von Wehrtürmen. Der Rundturm wurde in der Zeit um 1450 erbaut.

links: ältester Teil der Kette für den jeweils amtierenden Schützenkönig der Privilegierten Schützengilde zu Stendal (16. Jahrhundert, Silber, teils vergoldet)

rechts: Andreas Off wurde im Jahr 2007 Schützenkönig der Privilegierten Schützengilde zu Stendal. Das Bild entstand vor dem Löwenportal der Marienkirche.

das Mühlentor existieren nicht mehr. Hinter jedem dieser Tore soll es eine hölzerne Brücke über den Aland gegeben haben. Teilweise ist auch die Stadtmauer erhalten, die bis zu vier Meter hoch war. Gebaut wurde die Befestigung im 14. und 15. Jahrhundert mit Steinen im so genannten Klosterformat. Die Backsteine hatten eine Größe von 29 mal 13 mal 9 Zentimeter und waren damit größer als heutige Ziegelsteine. Die Seehäuser Stadtbefestigung soll recht ungleichmäßig gewesen sein. An einer Stelle gab es nur eine einfache Mauer ohne Wall, an anderer eine Doppelmauer, dazwischen Wasser aus dem Aland.

Zum Stadtbild von Tangermünde gehören heute neben der imposanten, fast vollständig erhaltenen Stadtmauer mit Rossfurt und dem Elbtor aus dem 15. Jahrhundert das Neustädter Tor (Rundturm und Mittelbau um 1450), der Schrotturm und das Hünerdorfer Tor (unterer Teil um 1300, Weiterbau 1460/70).

In Gardelegen steht noch das Salzwedeler Tor, das 1552 fertiggestellt wurde. Zu einer Besonderheit wird es durch seine beiden Batterietürme mit einem Durchmesser von 9 und 18 Meter. Im Mittelalter gab es außerdem das Stendaler und das Magdeburger Tor. Noch sehr gut erhalten ist der ringförmige, mehr als zwei Kilometer lange Stadtwall.

Havelberg hatte früher zwei Tore, das Steintor und das Sandauer Tor. Beide gibt es nicht mehr.

Alt- und Neustadt Salzwedel sollen zusammen zehn Stadttore gehabt haben sowie Mauern auch zwischen den Städten. Der Ausbau der Stadtbefestigung wurde den Salzwedelern durch das Wohlwollen des Markgrafen erleichtert. 1315 erließ er ihnen dafür sogar Steuern. Markgraf Ludwig der Ältere hatte der Stadt 1343 das Recht erteilt, eine wehrhafte Befestigung zu errichten. Die Ringmauer, erbaut im 14. Jahrhundert, hatte eine Höhe von etwa fünf Meter und war knapp drei Kilometer lang. Am Fuß war sie einen Meter dick und an der Spitze etwa 60 Zentimeter. Für den Befestigungsgraben wurde mittels Umfluter die Jeetze genutzt. Heute sind in Salzwedel noch das Steintor, erbaut um 1530/35 und damit das jüngste der Stadt, und das Neuperver Tor erhalten, das um 1460/70 entstand. Ebenfalls noch vorhanden als Teil der alten Stadtverteidigung sind der Hungerturm und der Karlsturm aus dem 14. Jahrhundert. Etwa 20 Meter hoch, hat er eine Mauerstärke von knapp zwei Meter. Der Turm gehörte einst zur Altperver Toranlage. Auch als beide Salzwedeler Stadtteile schon gütlich miteinander lebten, wurden abends die Verbindungstore in den Mauern noch geschlossen. Die Räte von Alt- und Neustadt hatten sich aber darauf geeinigt, dass auch nach dem Läuten der Wächterglocke, also nach acht Uhr abends, die Bürger, Bürgersfrauen und Kinder die Tore passieren konnten – wenn sie eine Laterne bei sich hatten.

Zwei der bedeutendsten Stadttore dieser Zeit stehen in Stendal. Das Uenglinger Tor entstand um 1450/60, als Bauherr ist Stephan Buxtehude überliefert. Nach dem Lübecker Holstentor gilt diese Anlage als das schönste gotische Backsteintor Norddeutschlands. Der Turm ist 27,5 Meter hoch und reich verziert mit Friesen, Blendnischen und Stabwerk.

Das Tangermünder Tor wird als ältestes Torgebäude einer Stadtbefestigung im norddeutschen Raum angesehen. Der Sockel stammt aus dem 13. Jahrhundert, der Aufsatz wurde um 1440 erbaut. Stendal hatte früher insgesamt vier Stadttore. Von der Befestigung sind noch der Pulverturm, erbaut um 1450, und große Teile des Walles erhalten. Das Viehtor und das Arneburger Tor sowie große Teile der Befestigungsanlage wurden im 18./19.

Jahrhundert abgetragen.
Für die Organisation des Wehrwesens war die Stadtverwaltung zuständig. Die Ratsherren waren die Inhaber der Wehrhoheit. Vom Rat wurde das Personal eingeteilt und für die Ausrüstung gesorgt. Zu den gängigen Waffen gehörten die Armbrust, der Dolch und die Hellebarde. Die Bürger waren zu jeder Zeit verpflichtet, ihren Teil zum Schutz der Stadt beizutragen. Zum einen mussten Steuern zur Finanzierung der Wehraufgaben gezahlt werden, zum anderen mussten die Bürger am Wach- und Kriegsdienst sowie am Mauerbau und an der Instandhaltung der Befestigungsanlagen ihren Anteil leisten. Der Rat verlangte, dass jeder Bürger eine Mindestausrüstung für den Wach- und Kriegsdienst besaß, die nicht verkauft oder verpfändet werden durfte. Wie so oft sind die guten Ideen der Ratsmitglieder in der Praxis nicht ganz leicht umzusetzen gewesen. Denn eine Teilnahme am Krieg oder an den Wachdiensten bedeutete Abwesenheit von daheim und von den täglichen Geschäften. Darum wird angenommen, dass die Bürger mit diesen Pflichten nicht über Gebühr strapaziert worden sind. Zudem waren mit den Torwärtern spezielle Ämter für die Stadtsicherheit geschaffen worden.
Bis in die Hansezeit reicht die Tradition der Schützengilden. Die Havelberger wurde bereits im Jahr 1393 gegründet. Die Salzwedeler ist mit dem Gründungsjahr 1475 und die Stendaler Privilegierte Schützengilde mit dem Jahr 1483 in die Chroniken eingegangen. Die Neustädter Schützengilde in Salzwedel wurde 1510 gegründet. Die Wurzeln der Schützenvereinigungen sollen im so genannten Heerbann liegen, der unter anderem für Seehausen nachgewiesen ist. Bürger aus verschiedenen Innungen mussten bei Gefahr ihren Posten auf der Stadtmauer einnehmen. Aber auch an Feldzügen des Landesherren mussten die Mitglieder des Heerbanns teilnehmen. Unter Kurfürst Friedrich I. zum Beispiel zogen die Städte der Altmark gegen Pommern und Mecklenburg.

Bei der Planung ihrer Verteidigung blickten die Stadtväter meist über die Mauern hinaus. Ihre Meinung: Wer rechtzeitig gewarnt wird, kann sich auf die Feinde vorbereiten. Darum richteten die Stendaler bei Deetz, also an der Straße nach Gardelegen, eine Fernstation ein, eine Warte. Schon 1238 soll es dort eine Landstation gegeben haben. Auf Geheiß des

links: Das Steintor in Salzwedel ist das jüngste Tor innerhalb der Befestigung. Es wurde um 1530/35 gebaut. Das quadratisch angelegte Backsteintor war vermutlich eher ein Repräsentationsbau und weniger zum Schutz der Stadt gedacht.

rechts: Der Schrotturm in Tangermünde ist ein ehemaliger Wehrturm der mittelalterlichen Stadtbefestigung. 1825 wurde er erhöht, bis Mitte des 19. Jahrhunderts wurden dort Schrotkugeln hergestellt.

Das Neuperver Tor in Salzwedel wurde um 1460/70 errichtet. Es verband damals den Vorort Perver und die Neustadt Salzwedel.

links: Vom Tangermünder Tor in Stendal existiert heute nur noch der Turm des Haupttores. Die aus Feldsteinen gebaute Durchfahrt stammt aus dem 13. Jahrhundert. Der Aufbau mit der zinnenbesetzten Plattform und dem runden Aufsatz wurde um 1440 errichtet. Im Hintergrund befindet sich das Stendaler Landratsamt.

rechts: Noch heute wirkt die Tangermünder Stadtmauer sehr imposant. Zu den Besonderheiten gehören die beiden Putinnen, was namentlich Außenzinnen bedeutet. Es sind Türme, die auf die Mauer gesetzt wurden. Der westliche Turm schützte eine Treppe, die zum Fluss führte.

nächste Seite: Das Salzwedeler Tor in Gardelegen wurde 1552 fertiggestellt. Besonders ist es durch die Batterietürme zu beiden Seiten.

Rates wurde Anfang des 15. Jahrhunderts ein viereckiger schmuckloser Backsteinbau errichtet und mit einer Mannschaft besetzt. Die Türen lagen hoch und konnten meist nur über eine Leiter erreicht werden. Wurden anrückende Bewaffnete vom Beobachtungsturm aus gesichtet, konnte ein Bote schnell die Stadt darüber informieren. Eine zweite Warte entstand bei Wittenmoor, sie ist als Kröpelwarte überliefert. Die Tangermünder hatten, wie das gleichnamige Dorf noch heute verrät, eine Weißewarte. Die Werbener hatten zwei Außenforts, den so genannten Fangelturm und eines nahe des Forsthauses Warthe.

Auch die Salzwedeler richteten sich entsprechende Vorposten ein. Neben den besagten Warten waren dies so genannte Burgfrede. Sie wurden an den Grenzen der Feldmark angelegt. Von ihnen aus konnten Arbeiter und Hirten auf den Feldern über nahende Räuberbanden informiert werden. Dort fanden die Bauern und die Tiere meist auch Schutz. Die Bewohner der Burgfrede hatten außerdem dafür zu sorgen, dass kein Fremder auf dem Stadtgebiet mähte, seine Tiere grasen ließ oder Holz schlug. Salzwedel soll in alle vier Himmelsrichtungen eine Warte gehabt haben. Die Kosten teilten sich Alt- und Neustadt Salzwedel, wobei die Bürger ihren Teil zu den Bau- und Unterhaltungskosten beisteuern mussten. Unter anderem wurde für jedes Tier, das in dem beschützten Gebiet gehütet wurde, ein bestimmter Betrag kassiert.

Gefahren gingen damals nicht nur von den Truppen fernerer Gebiete aus, sondern auch von den Raubrittern und armen Landadligen der Altmark. Sie selbst hatten kaum Geld in der Tasche, sahen aber neidvoll auf die reichen Städte und deren erfolgreiche Kaufleute. Darum lauerten sie Handelskolonnen auf, um sie aus dem Hinterhalt zu überfallen. In der Altmark trieben sich zudem Räuberbanden herum. Eine wurde vom legendären Düwel von Soltwedel geführt, der in der Zeit Markgraf Ludwigs des Römers, Mitte des 14. Jahrhunderts, sein Unwesen getrieben haben soll. Die Bande des Räuberhauptmannes nannte sich „Des Teufels Eidgenossen".

Ein Spielball für die Mächtigen

Die Altmark und ihre Landesherren

Die Geduld der altmärkischen Städte im Umgang mit ihren Landesherren wird oft auf eine harte Probe gestellt. Zum Beispiel im Jahr 1472. Da überspannt Kurfürst Albrecht Achilles den Bogen. Über den Landeshauptmann der Altmark, Busso von Alvensleben, lässt er Vertreter aus Salzwedel, Werben, Stendal, Seehausen und Tangermünde kommen. Von Alvensleben droht den Städten harte Strafen an, wenn sie nicht die geforderten Zölle bezahlen. Zölle auf alle Waren, die in Tonnen gehandelt werden, also auf Schmalz, Honig, Wein, Teer und sogar Fleisch. Auch das Versprechen, das Geld werde für die Sicherheit auf den Landstraßen ausgegeben, überzeugt die Ratsvertreter nicht. Sie wissen, dass der Kurfürst damit die Schulden seines Bruders begleichen will. Und sie verweigern den Gehorsam, die Bündnispartner reisen ab. Der Kurfürst setzt bald darauf ein Schiedsgericht ein, das im Februar 1473 tagt. Es spricht Albrecht Achilles das Recht auf die Zölle zu. Doch die Städte weigern sich weiterhin, drohen sogar mit der Hinrichtung von Zöllnern. Erst 1477 wird der Streit beigelegt und der Widerstand der Städte gebrochen...

Wieder einmal, denn die Städte der alten Mark und ihre Regenten hatten oft ein sehr gespaltenes Verhältnis zueinander. Verständlich, denn die Altmark, später die gesamte Mark Brandenburg, wurde mehrfach zum Spielball politischer Interessen, wurde zum Pfand bei finanziellen Engpässen der Herrscher.

Die askanischen Markgrafen, Gründer von Städten und zahlreichen Dörfern, herrschten mit starker Hand, sie sorgten für Ordnung im Land. Mit Zollvergünstigungen förderten sie den Handel, sie führten einen zweiten Markttag ein. Anfangs wurde nur am Sonnabend Markt gehalten, nun kam der Mittwoch als zweiter Tag hinzu. Aber bei all dem Guten für die Städte – die Landesherren ließen sich alle Privilegien und Zugeständnisse gut bezahlen. Bis Ende des 13. Jahrhunderts wurde die Abgabe an den Markgrafen, Beke genannt und mit einer Grundsteuer vergleichbar, bittweise und bei Bedarf eingefordert, also nicht als Befehl. Ende des 13. Jahrhunderts wollten die Städte aber, dass der Betrag und der Zahlungstermin der Abgabe genau festgelegt werden. Gezahlt wurde sie zu dieser Zeit vermutlich nur von Stendal, die als wohlhabendste Stadt der Mark Brandenburg das Geld aufbringen konnte.

Nun aber zu den Landesherren während der altmärkischen Hansezeit. 1319 endet die Askanierzeit mit dem Tod Waldemars. Der, so behaupten einige, gar nicht tot sei, sondern auf eine lange Bußfahrt gegangen ist. Für ein Jahr ist der Knabe Heinrich der Jüngere zwar noch offiziell Markgraf, doch er stirbt im Kindesalter. Es beginnt ein mehr-

links: Das Neustädter Tor in Tangermünde, rechts daneben der Turm der ehemaligen Nikolaikirche. Noch heute wird durch das Tor die Altstadt befahren. Die Anlage zeigt, dass zum Torbereich neben dem eigentlichen Turm meist auch ein Vortor und ein Hof (Zwinger) gehört haben.

rechts: Über dem Burgtor in Tangermünde ist der brandenburgische Adler eingelassen, das Wappentier der Kurfürsten von Brandenburg. Sie hatten viele Jahre ihren Sitz auf der Burg.

Ansicht der Stadt Seehausen (Mitte des 17. Jahrhunderts), Kupferstich von Matthaeus Merian in der Topographia Electoratus Brandenburgici

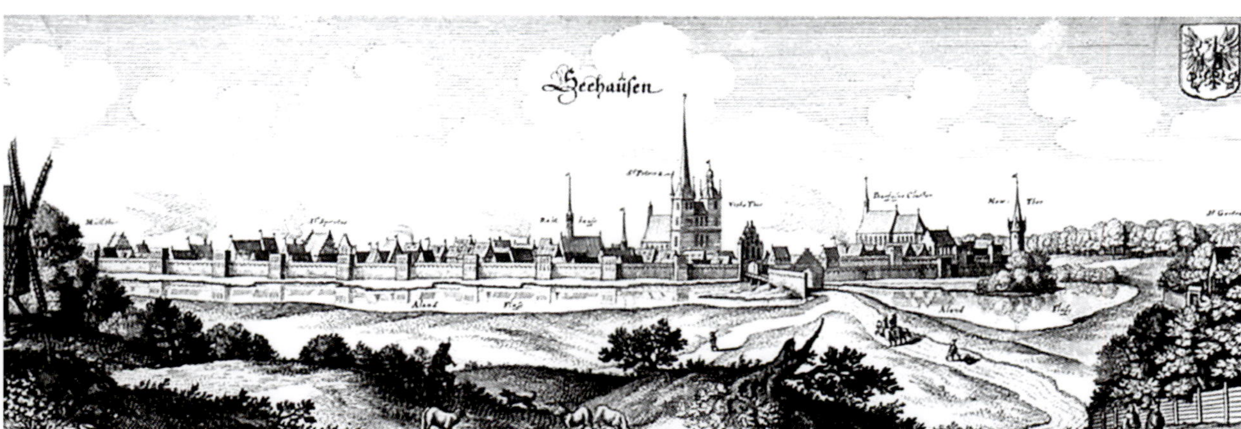

jähriges Interregnum.
Im Jahr 1319 kommt Herzog Otto der Milde von Braunschweig in die Mark, in der noch immer Waldemars Witwe Agnes lebt. Nach einer Trauerzeit von nur wenigen Monaten ehelicht sie den Herzog. Die Markgrafenwitwe wohnt die meiste Zeit auf der Tangermünder Burg. Sie vereinigt die Vogteien Stendal, Tangermünde, Gardelegen, Salzwedel und Osterburg zu einem Territorium, unter ihren Nachfolgern kommen Werben, Arneburg und Seehausen dazu.
Einige Jahre später, 1324, fällt die Mark an Ludwig IV. von Bayern und damit an das Haus Wittelsbach. Der Kaiser belehnt seinen ältesten Sohn Ludwig mit der Mark, der zu dieser Zeit noch im Knabenalter ist. Im Folgejahr huldigen die Stendaler dem jungen Herzog von Bayern und Markgraf von Brandenburg für den Fall des Ablebens von Agnes und Herzog Otto. Doch so lange will Ludwig, genannt der Ältere, nicht warten.
Die neuen Konstellationen sorgen dafür, dass die große Reichspolitik Einfluss auf die Mark im Norden hat. Ludwigs kaiserlicher Vater liegt im Streit mit dem Papst, der deshalb für die gesamte Mark Brandenburg ein Interdikt erlässt und damit alle Einwohner von kirchlichen Handlungen ausschließt. Erzbischof Burchard III. von Magdeburg nutzt die Gelegenheit und beansprucht die Altmark für sich. Es kommt zu bewaffneten Auseinandersetzungen. Die Städte siegen.
1334 stirbt Markgräfin Agnes, vermutlich in Tangermünde. Der Streit tobt weiter. In den Städten bilden sich Parteien. In Stendal stellen sich die Patrizier hinter Ludwig den Älteren und damit seinen Vater, den Kaiser, die Handwerker und anderen Bürger wenden sich gegen ihn. Erschwert wird die Situation der Parteienbildung, weil sich Ludwig beim Rat, beim Domprobst und einigen Privatpersonen Geld geliehen hatte. Als Gegenleistung hatte er einigen Stendaler Bürgern die Münze verpachtet. Doch dazu mehr in einem späteren Kapitel.
Der Kampf wird immer härter. 1343 verlangen sowohl der Wittelsbacher Markgraf Ludwig als auch Herzog Otto von den Stendalern die Huldigung. Die aber wollen sich nicht gleich entscheiden und schreiben an den Kaiser. Der stellt sich natürlich hinter seinen Sohn. Und so können die Stendaler ihm ruhigen Gewissens huldigen und damit die Treue versprechen – auf kaiserlichen Befehl. Aber sie machen dies nicht ungern, denn sie stehen ohnehin auf Ludwigs Seite. Genau wie Seehausen, die anderen Nachbarstädte unterstützten Otto. Es kommt zum Krieg, bei dem sich somit altmärkische Städte in feindlichen Lagern gegenüberstehen. Otto unterliegt in der Schlacht auf den Gardeleger Kellerbergen. Für eine Entschädigung von 3000 Mark tritt er die Altmark an Ludwig ab. Weil der aber wie so oft knapp bei Kasse ist, übernehmen die altmärkischen Städte den Betrag. Dafür wird ihnen vom Landesherren der Großteil der Einkünfte aus der Altmark überschrieben. Der Huldigungsvertrag legt zudem fest, dass alle nach 1319 erbauten Burgen geschliffen werden müssen und keine neuen Burgen mehr gebaut werden dürfen. Im Gegenzug wird den Städten gestattet, ihre eigene Befestigung auszubauen.
Kaiser Ludwig von Bayern stirbt im Oktober 1347. Sein Nachfolger kommt aus dem Hause Luxemburg: Karl IV., König von Böhmen. Schon bald zeigt der Regent sein Interesse an der Mark Brandenburg. Doch im Folgejahr taucht ein Waldemar auf, beansprucht erneut die Markgrafschaft für sich. Er sei nicht gestorben, sondern ins Heilige Land gepilgert, erzählt er – 29 Jahre nach seinem Verschwinden. Die Altmärker heißen ihn mit offenen Armen willkommen, erinnern sich gut an seine Regentschaft und die seiner Frau Agnes, die 13 Jahre zuvor gestorben war. Karl IV. belehnt den „falschen" Waldemar mit der

Tor zur Tangermünder Burg, die unter Kaiser Karl IV. im 14. Jahrhundert völlig umgebaut wurde. Das Burgtor befindet sich auf der Stadt zugewandten Seite. Wahrscheinlich war es früher durch eine Zugbrücke gesichert. Das Tor wurde im 15. Jahrhundert gebaut, ebenso der massive Rundturm, der Gefängnisturm.

Mark, doch schon wenig später kommt es zum Streit zwischen beiden, weil Markgraf Ludwig der Ältere die gesamte Altmark und Sandau zur Deckung von Kriegskosten an den Magdeburger Erzbischof verpfänden möchte. Waldemar aber will sich das Gebiet nicht nehmen lassen. Im Februar 1350 erklärt ein Schiedsgericht Waldemar für unecht und spricht die Mark wieder Ludwig zu. Die Stimmung in den Städten ist aber noch immer feindlich gegenüber den Bayern. Noch immer gibt es zwischen den Parteien, den Askaniern und den Wittelsbachern, gewaltsame Konflikte. Erst 1355 erklärt Waldemar seinen Verzicht auf die Mark Brandenburg.

Bereits im Jahr 1351 übergibt Ludwig der Ältere die Regierung der Mark an seinen Bruder Ludwig den Römer. Er bringt etwas Frieden ins Land. 1360 macht Ludwig seinen Bruder Otto den Faulen zum Mitregenten, er herrscht ab 1365 allein über die Mark Brandenburg. Acht Jahre später, im Jahr 1373, endet die Zeit der bayrischen Grafen in der Altmark. Kaiser Karl IV. verlangt die Mark für seinen damals zehnjährigen Sohn Wenzel. Otto weigert sich anfangs, doch dann entbindet er die märkischen Städte aus ihrem Eid und bittet sie, dem Kaiser zu huldigen.

Um an die Mark zu kommen, wandte sich der Kaiser an einen Mann, dessen Wurzeln in Stendal lagen: Dietrich von Portitz, bekannt als Kagelwit, der als Erzbischof Dietrich von Magdeburg zu den Ratgebern des Kaisers wurde. Dietrich wurde vermutlich um 1300 als Sohn eines Tuchmachers geboren. Nach dem Besuch der Domschule in Stendal legte er im Kloster Lehnin das Mönchsgelübde ab. Der Bischof von Brandenburg wurde auf ihn aufmerksam, holte ihn in seine Dienste. Er machte Karriere, gewann die Gunst Karls IV. Der schätzte Dietrich als Diplomaten, Feldherrn und Finanzmann. 1361 machte sich der Kaiser persönlich beim Papst dafür stark, dass der Stendaler Tuchmachersohn in Magdeburg Erzbischof wird. Sechseinhalb Jahre hatte er dieses Amt inne, bevor er starb. Dietrich von Magdeburg wird es wohl gewesen sein, der den Kaiser immer wieder neugierig auf die alte Mark gemacht hat. 1373 reitet Karl IV. erstmals in die Mark ein, schon fünf Jahre später setzt sein Tod der Regentschaft ein Ende. Doch dazu mehr im folgenden Kapitel.

Gerade zehn Jahre alt, übernimmt Karls zweiter Sohn, Kurfürst Sigismund, im Jahr 1378 die Mark. Die Zustände werden wieder schlechter. Zehn Jahre später, Sigismund ist nun König von Ungarn, verpfändet er die Mark an seinen Vetter Jobst von Mähren. Der kümmert sich nur wenig um den neuen Besitz. 1395 gibt Jobst die Mark als Pfand weiter an seinen Schwager Wilhelm von Meißen, er selbst bleibt aber Herrscher über das Gebiet.

Als Jobst von Mähren 1411 ohne Nachkommen stirbt, fällt die Mark Brandenburg zurück an Sigismund. Der setzt Burggraf Friedrich VI. von Nürnberg als Verweser für die Mark ein. Und kommt damit einem Wunsch der Städte nach einem starken Statthalter nach, denn das Raubrittertum droht überhand zu nehmen. So hat der Erzbischof von Magdeburg die Altmark im Visier, aber auch die schlossgesessenen Adelsgeschlechter der alten Mark ziehen gern in den Kampf.

Mit seiner Frau Elisabeth, die schöne Else genannt, bezieht der Nürnberger 1412 die Tangermünder Burg. Hinter den Städten liegt ein Jahrhundert, in dem sie Zankapfel der Mächtigen waren. Zwischen 1319 und 1412 mussten die Städte 23 neuen Herrschern und Statthaltern huldigen!

*Denkmal für Kurfürst Friedrich I. (1371-1440), erster Markgraf aus dem Geschlecht der Hohenzollern.
1411 war der Burggraf von Nürnberg als Verweser für die Mark Brandenburg eingesetzt worden, 1415 ernannte König Sigismund ihn zum Markgrafen und zwei Jahre später zum Kurfürsten.
Das Denkmal wurde 1912 auf der Tangermünder Burg aufgestellt.*

links: Elisabeth, die „schöne Else" genannt, bezog mit ihrem Gatten, Burggraf Friedrich von Nürnberg, im Jahr 1412 die Tangermünder Burg. Der Burggraf war zum Verweser der Mark Brandenburg gemacht worden, im Jahr 1415 bekam er die Markgrafenwürde.

rechts: Auf Anweisung von Kaiser Karl IV. (1316-1378) wurde die Tangermünder Burg ausgebaut. Der Regent schuf sich hier eine Nebenresidenz zum Prager Hradschin. 1373 ritt er erstmals in Tangermünde ein, aber schon fünf Jahre später starb der Kaiser. An ihn erinnert ebenfalls ein Denkmal auf dem Burggelände. Das Denkmal wurde der Stadt 1900 von Kaiser Wilhelm II. geschenkt.

1415 endet die Zeit der Luxemburger, denn Friedrich von Nürnberg wird während des Konzils in Konstanz von Sigismund, der mittlerweile römisch-deutscher König geworden ist, zum Markgrafen und zum Kurfürsten ernannt. In der Altmark bricht die Zeit der Hohenzollern an. Erblich mit der Mark Brandenburg belehnt wird Friedrich I. von Brandenburg aber erst im Jahr 1417, zugleich wird ihm die Würde des Erzkämmerers verliehen. Erschöpft von den ständigen Reibereien und Fehden in der Mark, setzt er seinen Sohn Johann im Jahr 1425 als Verweser für die Mark ein. Er selbst bleibt aber Regent.
1437 übernimmt Johanns Bruder Friedrich der Ältere die Amtsgeschäfte. Drei Jahre später übergibt ihm sein Vater Friedrich I. die Vollmacht in der Landesregierung, wenig später stirbt er. Friedrich II. bleibt von 1440 bis zu seiner Abdankung im Jahr 1470 im Amt des Markgrafen. Mit dem Beinamen „der Eiserne" oder „Eisenzahn" geht er in die Geschichte ein. Kurz vor Friedrichs Tod übernimmt sein Bruder, Kurfürst Albrecht Achilles, die Mark Brandenburg. Beide wurden auf der Burg Tangermünde geboren. Auch Albrecht führt Streit mit den Städten. Wie eingangs geschildert, will er über einen Tonnenzoll zu Geld kommen. Sein Start in den altmärkischen Städten war ohnehin nicht der beste. Die Städte huldigten ihm erst, nachdem er ihnen die Privilegien und Vergünstigungen seiner Vorgänger bestätigt hatte. Wie schon sein Bruder Friedrich sieht er eine Gefahr in den mächtigen Städten der Mark. Im Jahr 1473 verfasst der Kurfürst die „Dispositio Archillea", das hohenzollernscher Hausgesetz. Darin wird festgelegt, dass die Kurmark Brandenburg unteilbar ist. Die Mark sollte danach immer dem ältesten Sohn des verstorbenen Kurfürsten zufallen.
Auf dem Stuhl des Kurfürsten folgt darum im Jahr 1486 sein Sohn Johann Cicero, der schon 1473 als Regent der Mark Brandenburg eingesetzt worden war. Er bleibt bis 1499 im Regierungsamt. Gestorben ist Johann Cicero auf der Arneburger Burg. Sein Name ist eng verbunden mit dem Bierkrieg in der Altmark im Jahr 1488. Hier konnte der Kurfürst den starken Städten endlich zeigen, wer der Herr im Lande ist. Wie er dies tat, ist Thema eines späteren Kapitels.
Nach der Niederschlagung des Bierziese-Aufstandes beginnt ein Prozess, in dem die Städte viel von ihrer Selbstständigkeit einbüßen. Sie werden mehr und mehr zum Teil eines ganzen Reiches.
1499 wird Joachim I. neuer Kurfürst, er bleibt es bis 1535. Er ist unter anderem wegen seiner Hochzeit im Jahr 1502 mit Prinzessin Elisabeth von Dänemark in Erinnerung geblieben, die er in Stendal gefeiert hat. Als Doppelhochzeit, denn auch Elisabeths Onkel, Prinz Friedrich von Dänemark, vermählte sich an diesem Tage mit Prinzessin Anna von Brandenburg in Stendal. Joachim I. ist bemüht, den Städten einige ihrer Privilegien zurückzugeben. So verleiht er Stendal im Jahr 1517 die obere und niedere Gerichtsbarkeit, beide Seiten bekommen ein jährliches Kündigungsrecht. 1515 erlässt er für das gesamte Land Statuten, um den märkischen Städten wieder auf die Beine zu helfen. Sie enthalten Festlegungen zur städtischen Verwaltung, zur Rechnungsführung, zur Besteuerung, zur Feuerordnung und ähnlichem.
An dieser Stelle soll der Weg enden, den die Markgrafen und Kurfürsten zur Hansezeit geprägt haben. Aus der kleinen Grenzmark im Norden des Reiches ist ein eigenes Kurfürstentum Brandenburg geworden – und daraus später das Königreich Preußen. Mit Stolz betonen die Altmärker darum gern, die Wiege Preußens zu sein.

Des Kaisers neuer Lieblingssitz

Karl IV. und seine Zeit in Tangermünde

Es ist der 7. September des Jahres 1373. Karl IV., böhmischer König und deutscher Kaiser, reitet mit seinem Gefolge in die Stadt Tangermünde ein. Der 57-Jährige lässt sich von den Bürgern huldigen.
Großes hat er vor mit dieser Stadt an der Elbe, doch seine Pläne kennen bisher nur wenige. Von der alten Mark aus will der Kaiser den Handel in seinem Reich ausbauen, will über die Mark Brandenburg seinen Einfluss bis an die Ostsee erweitern. Tangermünde soll zur Nebenresidenz seines Prager Hradschins werden, zur Brücke nach Lübeck, Hamburg und zu den Handelsstädten Skandinaviens.
Karl IV., dem Otto der Faule erst in diesem Jahr die Mark abgetreten hatte, kennt Städte wie Florenz, Mailand, Pisa und Orte in Oberbayern, die durch den Handel reich geworden sind. Was der Süden kann, soll nach Wunsch des Kaisers auch im Norden möglich sein. In Frankfurt an der Oder und in Tangermünde, so wünscht er sich, sollen Waren aus dem Norden wie Felle, Honig, Salz, Talg, Stockfisch und Heringe gegen Handelsgüter aus dem Mittelmeerraum und dem Orient ausgetauscht werden. Beide Städte sollen zum Warenumschlagplatz werden. Vergeblich hat er bisher versucht, den Magdeburgern ihr Stapelrecht zu nehmen. Tangermünde soll darum sein neues Handelszentrum werden, sein Bollwerk gegen die Magdeburger und ihren Widerstand.
Doch dazu muss er Tangermünde zu einer starken Stadt machen. Darum hat er diese Reise in den Norden auf sich genommen. Guter Hoffnung sieht er dem Besuch entgegen. Was er in den Stunden nach seiner Ankunft sieht, ist jedoch enttäuschend. Die Burg macht einen schlechten Eindruck. Bevor er abreist, gibt der Kaiser den Befehl, die Burg herzurichten. Wenn er wiederkommt, soll alles seinen Wünschen entsprechen.
Und so rollen die Wagen, bringen Bauholz aus den umliegenden Wäldern. Es wird gehämmert und gewerkelt, die Handwerker gönnen sich kaum eine Pause. Der Burgfried entsteht, eine Backsteinmauer wird errichtet, eine Schlosskapelle gebaut und reich ausgestattet mit Reliquien. Auf Wunsch des Kaisers sind Baumeister aus Köln gekommen, die die Tangermünder an ihrem Wissen und an ihren Erfahrungen teilhaben lassen sollen. Nicht nur beim Burgbau, auch beim Umbau der Stephanskirche stehen die Kölner den Tangermündern mit Rat zur Seite. Das neue Burgtor ist nur ein einfaches, auf Wunsch des Kaisers. Er will in Freundschaft mit der Stadt leben, sich nicht hinter den Burgmauern verstecken.
Karl IV. spart nicht beim Ausbau seiner Tangermünder Burg. Das wird den reichen Kaufleuten der Hanse hoffentlich imponieren. Das muss es, wenn sein Plan aufgehen soll.
Der Plan, sein Tangermünde in der hansischen Genossenschaft stark zu machen. Aber alle seine Versuche haben bisher nicht gefruchtet, die Geschenke nicht und auch nicht die Privilegien. Selbst der Feldzug gegen die Raubschlösser Dannenberg und Pretzetze (heute Ortsteil von Langendorf im Kreis Lüchow-Dannenberg) nicht, den er mit Hilfe von Magdeburger und Lübecker Mannschaften unternommen hatte, weil beide Städte unter den Räubern zu leiden hatten.

links: Blick auf den Gefängnisturm der Tangermünder Burg, im Hintergrund die Stephanskirche. Der Turm aus dem 15. Jh. wurde erbaut unter Kurfürst Albrecht Achilles. Seinen Namen hat er von den im 18. Jh. eingebauten Gefängniszellen. Das Verlies befindet sich im Erdgeschoss.

rechts: Majestätssiegel des Kaisers Karl IV. (Stadtmuseum Tangermünde)

Urkunde mit Tangermünder Stadtsiegel (Stadtmuseum Tangermünde)

links: Der Kapitelturm der Tangermünder Burg hat seinen Namen bekommen, weil er einst als Speicher für die Einkünfte des Berliner Domkapitels diente. Der 50 Meter hohe Bergfried, vermutlich aus der Zeit Karls IV., steht in der nordöstlichen Ecke des Burgareals.

rechts: Von der Tangermünder Hauptburg bis heute erhalten ist die alte Kanzlei aus dem 14. Jahrhundert. Sie soll einst das Tanzhaus der Burg gewesen sein. Im Inneren befinden sich zwei saalartige Räume.

Dietrich von Portitz, genannt Kagelwit, wurde um 1300 in Stendal geboren und später als Erzbischof Dietrich von Magdeburg ein wichtiger Ratgeber von Kaiser Karl IV. Kagelwit soll es gewesen sein, der beim Regenten die Neugier auf die alte Mark geweckt hat.

Sicher, die Wirtschaft entwickelt sich. In Hamburg werden Landsleute aus Böhmen ansässig und Norddeutsche ziehen nach Prag, die Elbe wird schiffbarer gemacht, die Lübecker prägen Münzen mit dem Bild des Kaisers, mehr Schiffe als bisher bringen ihre Waren. Aber all das stellt den Regenten noch nicht zufrieden.

Im Oktober 1375 besteigt Karl IV. ein Schiff. Es bringt ihn nach Lübeck. Persönlich will er dort über die Handelsbeziehungen verhandeln. Zehn Tage lang wird gefeiert, die Lübecker zeigen sich als gute Gastgeber und treue Untertanen. Doch mit seinem Plan kommt der Kaiser nicht voran, die Lübecker Kaufleute und Ratsherren bleiben unnachgiebig. Karls Vision, Prag und die Handelsstädte an Nord- und Ostsee über Tangermünde eng miteinander zu verknüpfen, scheitert. Eine neue Chance gibt es nicht, denn schon drei Jahre später stirbt der Kaiser.

In den wenigen Jahren seiner Amtszeit ist Karl IV. immer gern gesehen an der Elbe. Die Tangermünder mögen „ihren" Kaiser. Einen Regenten, der viel für Unterhaltung übrig hat. Noch Generationen später erzählen sie über die großen Abendfeste, besonders zur Fastnachtszeit, die sie Rehagen oder Rehahn nennen. Frauen und Töchter des Adels und der Bürgerschaft sollen an langen Tafeln gemeinsam mit den Männern gespeist haben. Berichtet wird, dass die Ehemänner sogar die Frauen anderer küssen und ohne Eifersucht zu erregen in allen Ehren in ihr Haus führen durften. Die Tangermünder sollen sich dieser neuen Mode allerdings so übermäßig bedient haben, dass sie schon bald nach Karls Tod wieder abgeschafft wurde.

Ein besonders großes Fest wird im Juni 1374 gefeiert. Viele der höchsten weltlichen und geistlichen Würdenträger des Reiches sind Gast auf der Tangermünder Burg, um die Erbeinigung der Mark Brandenburg mit dem Königreich Böhmen zu feiern. Der Kaiser zeigt gern, wie stolz er auf seinen neuen Lieblingssitz ist.

P
2 Std
Mo.-Fr. 8-18h
Sa. 8-13h
22

Ein Pfennig für die Ewigkeit

Das Münzwesen in den Städten

Mit Geld lässt sich Geld verdienen.
Neu ist diese Geschäftsidee nicht, schon die Markgrafen und später Kurfürsten in der Hansezeit haben am Geld gut verdient – besonders an der Herstellung der Münzen. Denn der Verkauf oder das Verpachten von Münzrechten war ein einträgliches Geschäft. Die Vergabe dieser Privilegien ließen sich die Landesherren reichlich vergüten.
Die Stadt Stendal wird erstmals 1232 als Münzstätte urkundlich erwähnt. Das Stendaler Silber war damals sehr verbreitet und genoss einen guten Ruf. Davon profitierten die Landesherren, die lange Zeit die Münzerei selbst betrieben. Doch mit dem Ende der askanischen Herrschaft war das vorbei. Denn als die Schatullen der neuen Herren leer waren und sie dringend Geld brauchten, verpachteten sie die Münzrechte an reiche Bürger. In Stendal übernahmen 1323 erstmals Bürger die Herstellung von Münzen. Zehn Jahre später verpachtete Markgraf Ludwig der Ältere die Hälfte der Münze an den Stendaler Heinrich Falke. Drei Jahre danach war die gesamte Münze in den Händen Stendaler Adliger. Die Münzmeister gehörten meist zu den vornehmen Bürgern der Stadt und oft zu den Ratsgeschlechtern.
Ein wichtiges Jahr in der Münzgeschichte der Altmark ist 1351. Der so genannte ewige Pfennig wurde mit Erlaubnis des Markgrafen eingeführt. Eine Münze, die nicht jährlich mit Verlust umgetauscht werde musste. Denn bis dahin gab es immer am 18. Juli, also acht Tage vor Jacobi, folgendes Schauspiel in Stendal: Aus den Städten Gardelegen, Seehausen, Tangermünde, Werben, Osterburg und Havelberg kamen Besucher in die Stadt mit nur einem Ziel – ihr Geld umzutauschen. Die genannten Städte gehörten zum Münzdistrikt Stendal. Und nur dort, wo die Münzen geschlagen wurden, konnten sie umgetauscht werden. Und das auch nur an diesem einen Tag im Jahr. Getauscht werden musste, denn die Münzen hatten nur ein Jahr Gültigkeit. Ein Jahr, in dem sie an Wert verloren. Für 13 alte Pfennige gab es am Ende nur noch 12. Die Kaufleute und Handwerker ärgerte das sehr, den Markgrafen und später die Inhaber der Münze freute es mit Blick auf ihre Gewinne.
Im Jahr 1360 übergaben Markgraf Ludwig der Römer und sein Bruder Otto das Aufsichtsrecht über die Münze an die Stendaler. Die Ratsherren hatten damit die Aufgabe, die Herstellung des Geldes zu überwachen. Vorgeschrieben waren unter anderem Gehalt und Gewicht der Münzen. Falschmünzer wurden hart bestraft. Wer überführt wurde, musste mit einer hohen Geldstrafe rechnen oder wurde im schlimmsten Fall für zehn Jahre aus der Stadt verbannt.
1364 beschloss Markgraf Ludwig, den altmärkischen Städten und Havelberg das Münzrecht zu verkaufen. 5700 Silbermark forderte er als stolzen Preis. 2240 Mark davon mussten die Städte aufbringen, den Rest übernahm die Landeskasse. Die Städte teilten sich die Summe: Stendal 940 Mark, Tangermünde 185, Gardelegen 340, Werben 100, Osterburg 180, Seehausen 300 und Havelberg 195.

Leider verstarb Markgraf Ludwig 1365, be-

*links: Alte Münze in Salzwedel, um 1500 nach dem Vorbild Lüneburger Kaufmannshäuser umgebaut.
Die Münzstätte der Stadt soll in dem Gebäude schon seit dem 14. Jahrhundert untergebracht gewesen sein.*

rechts: ein in Salzwedel geprägter Hohlpfennig aus dem 15. Jahrhundert (Danneil-Museum Salzwedel)

Im Inneren der Alten Münze in Salzwedel steht noch die alte Kaminanlage.

vor er das Geschäft abwickeln konnte. Sein Bruder Otto vollendete es, allerdings erst fünf Jahre später. Stendal wurde erneut als Prägestätte festgelegt. Die Städte einigten sich in einem Sonderbündnis darauf, dass das Silber nur dort und nur im Beisein eines Ratsmannes aus jeder Stadt gemischt werden durfte. Die Währung damals war die Stendalsche Mark, die 40 Schilling wert war. Ein Schilling betrug 12 Pfennige.

Bei den Münzen gab es eine große Vielfalt, die Stempelschneider waren immer gut im Geschäft. Denn jede münzberechtigte Stadt hatte einen eigenen Prägestempel, der jährlich umgetauscht wurde. Denn es war zu dieser Zeit noch nicht üblich, die Jahreszahl auf die Münzen zu drucken. Ihr Aussehen war sehr unterschiedlich. In Werben zum Beispiel wurden sehr oft Sterne und Halbmonde als Motive verwendet, aber auch der Adler oder Darstellungen der jeweils aktuellen Landesherren sind zu finden. Das Kuriose daran: Die Sterne und Monde sollen so oft bei den Werbener Münzen verwendet worden sein, dass sie später ihren Platz im noch heute aktuellen Stadtwappen gefunden haben.
Der Hohlpfennig, auch Okelpfennig genannt, wurde in Stendal vermutlich bis zum Jahr 1488 geschlagen. Mit dem gescheiterten Bierziese-Aufstand wurde der Stadt das Münzrecht entzogen, aber die landesherrliche Prägestelle soll es noch gegeben haben. Dort wurden nach 1500 vermutlich Halbgroschen,

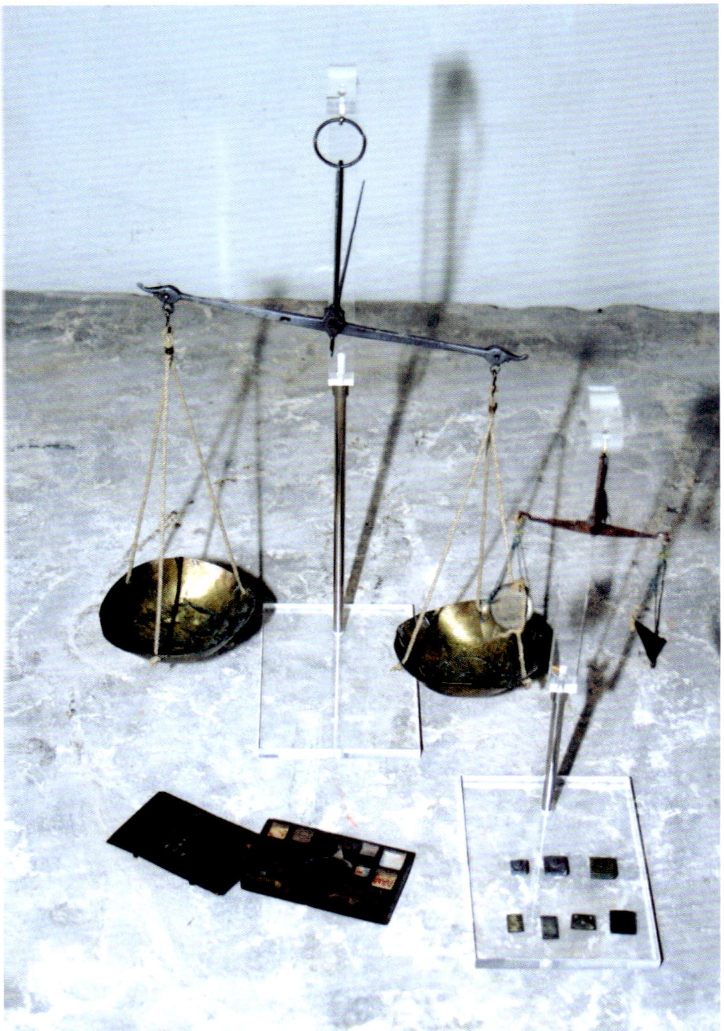

Balkenwaage, freihängend mit hauchdünnen Schälchen (l.). Der Balken ist aus Eisen, die Wiegschalen aus Messing. Daneben eine Münzenwaage mit Gewichten. Waage und Gewichte sind aus Messing, Kästchen für die Gewichte aus Holz und mit Leder bezogen (Burgmuseum Tangermünde)

Hohlpfennige aus Silber in Stendaler und Salzwedeler Prägung (Burgmuseum Tangermünde)

Sandsteinporträts der Gebrüder Georg und Peter Krull am Portal des ehemaligen Wohnhauses in Tangermünde. Heute ist in dem Gebäude das Burgmuseum untergebracht.

Groschen, Viertaler und Taler hergestellt. Anfang des 17. Jahrhunderts, also lange nach der Hansemitgliedschaft, gestattete der Kurfürst den Stendalern wieder, eigene kupferne Pfennige herzustellen. Dabei soll es sich um kleine, schlecht geprägte Geldstücke mit Stadtwappen und Jahreszahl gehandelt haben.
Stimmen die Überlieferungen, dann gehört neben Stendal auch Salzwedel zu den ältesten Münzprägestätten in Deutschland. Im Jahr 1314 tauschte die Altstadt Salzwedel das Recht ein, eigene Münzen zu schlagen. Die Bürger bekamen das Münzrecht, der Markgraf im Gegenzug die Zollrechte der Altstädter. Hergestellt wurde auch hier der Hohlpfennig, der einen Adler oder das Wappen der Altstadt trug.
Salzwedel gehörte damals zu einem anderen Münzdistrikt als die übrigen altmärkischen Hansestädte. Darum wurde der ewige Pfennig schon früher eingeführt, nämlich im Jahr 1314. Aber schon um 1190 soll Heinrich von Gardelegen, Mitregent des Markgrafen Otto III., die ersten Münzprägungen verfügt und somit eine landesherrliche Münzstätte geschaffen haben.
Zeitweise verloren die Münzen aus der Salzwedeler Altstadt ihren guten Ruf, weil geldgierige Münzmeister den Edelmetallgehalt durch Kupferbeimengung und damit den Wert des Geldstückes gesenkt hatten. An die lange Geschichte des Münzwesens in Salzwedel erinnert die Alte Münze in der Altperverstraße. Der erhaltene Backsteinbau, angelehnt an die Bauweise Lüneburger Kaufmannshäuser, soll um 1500 errichtet worden sein.
Auch wenn Stendal und Salzwedel im Münzwesen die zentrale Rolle in der Altmark gespielt haben, hatten auch die anderen Städte eigene Münzrechte. Für Gardelegen ist überliefert, dass die Stadt ab 1427 Münzen herstellen durfte. Kurfürst Friedrich I. hatte die Einrichtung einer Münzwerkstatt genehmigt, in ihr sollten Pfennige nach Salzwedeler Vorbild geschlagen werden.

Das Burgmuseum in Tangermünde befindet sich heute im ehemaligen Wohnhaus des Schlosshauptmannes.

Der Aufstand der Steuerzahler

Ein folgenreicher Bierkrieg im Jahr 1488

links: Schnitzwand im kleinen Festsaal des Stendaler Rathauses. Die Arbeit von 1462 gilt als älteste profane Schnitzwand nördlich der Alpen. Ursprünglich war die gesamte Ratsstube vertäfelt, erhalten ist eine Wand. Sie zeigt neben dem Erzbischof aus Köln, einen der drei geistlichen Kurfürsten, zwei Bibelszenen: Jonas mit dem Walfisch und Simson im Kampf mit dem Löwen.

Bilder rechts: Kurfürst Johann Cicero (1455-1499) war von 1473 bis 1499 Regent der Mark Brandenburg. Sein Name ist verbunden mit dem Bierkrieg gegen die altmärkischen Städte im Jahr 1488.

Massives Vorhängeschloss und Schlüssel (Danneil-Museum Salzwedel)

Ansicht der Stadt Werben (Mitte des 17. Jahrhunderts), Kupferstich von Matthaeus Merian in der Topographia Electoratus Brandenburgici

Die aufgebrachte Menge hat den Stendaler Marktplatz erreicht. Seit den Morgenstunden ziehen Tuchmacher, Schuster, Kürschner, Bäcker, Leineweber und viele gemeine Bürger durch die Stadt. Bis in die Amtsstube hinauf hören die Ratsherren das Gejohle, die offene Feindseligkeit. Die Leute machen sich Luft gegen den Rat und die drei Gilden, die auf seiner Seite stehen: Gewandschneider, Krämer und Knochenhauer.

Die Menschen sind wütend, denn schon wieder sollen sie tiefer in die Tasche greifen. Schon vor Wochen hatte das Gerücht in der Stadt die Runde gemacht, Kurfürst Johann Cicero wolle eine Steuer auf das gebraute Bier erheben. Wenig später brachte ein Bote dann die Gewissheit. Der Landtag, der am 2. Februar anno 1488 stattgefunden hatte, hat sich vom Kurfürsten einnehmen lassen, der zum Bestreiten der Landesaufgaben eine Bierziese einführen will. Sieben Jahre hintereinander soll auf jede Tonne Bier eine Steuer in Höhe von zwölf Pfennigen erhoben werden. In eine Tonne passen 114,5 Liter Bier. Acht Pfennige fordert der Landesherr für sich, vier soll die Stadt erhalten, in der der Gerstensaft gebraut wird. Besonderes Ärgernis: Prälaten, Adlige und Ritter müssen für das, was sie selbst brauen und verbrauchen, keine Steuer zahlen.

Die Bierziese ist vom Landtag beschlossen und somit Gesetz. Auch die Gegenstimmen der altmärkischen Städte hatten es nicht verhindern können.

Nun ist es soweit, die Steuer soll erstmals kassiert werden. Die Unruhen in den Städten brechen los. Der Stendaler Rat lässt mehrere Edelleute verhaften. Gebhard und Nikolaus von Borstel auf Schwarzlose, ihr Vetter Otto von Borstel auf Schinne, Jacob von Gohre auf Nahrstedt und sein Sohn Hans werden in Gewahrsam genommen. Alles Adlige, die von der Steuer befreit sind. Danach holen sich die Aufständischen Nicolaus Knoblauch, den kurfürstlichen Zolleinnehmer. Der Rat macht dies alles mit, beugt sich der tobenden Masse. Er inhaftiert die angesehenen Männer aller-dings wohl nur, um sie vor dem aufgebrachten Volk zu schützen.

Doch das hilft wenig. Die Menschen sind viel zu erbost über die landesherrliche Steuerfrechheit. Sie zerren Nikolaus von Borstel und

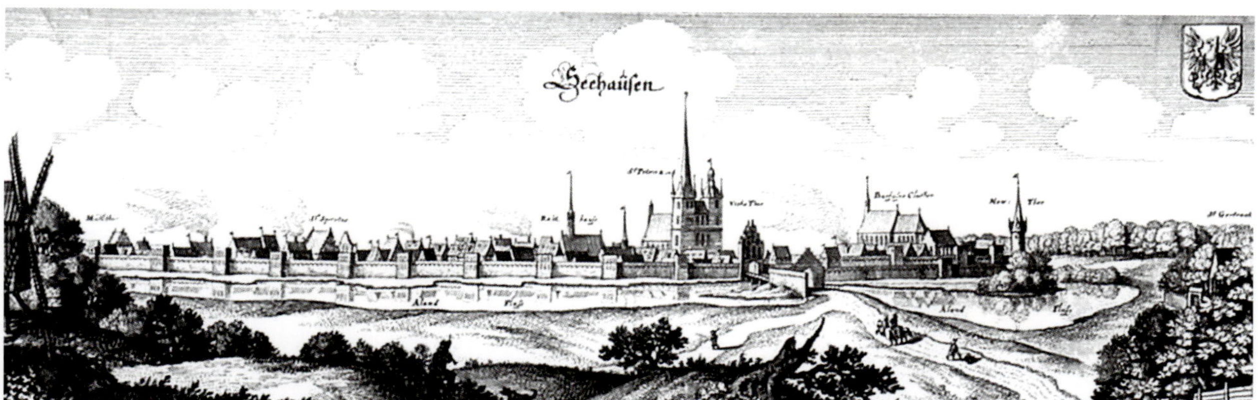

Hans von Gohre auf den Marktplatz. Sie richten sie brutal hin. Dann zieht die Menge weiter. Einige der angesehenen Familien hatten aus Angst die Stadt rechtzeitig verlassen, darunter der Stadtschulze Peter Schöttler, die beiden regierenden Bürgermeister Benedict Kalbe und Heinrich Buchholz sowie sieben Mitglieder des sitzenden Rates und mehrere Mitglieder des alten Rates. Ihnen bliebt ein ähnlich grausames Schicksal erspart.

In der letzten Woche des Monats März erreicht die Stendaler die Nachricht, dass der Kurfürst in Tangermünde eingetroffen ist. Dort findet Johann Cicero all jene vor, die aus Stendal geflohen waren.
Die Tangermünder geloben feierlich, dem Kurfürst Gehorsam zu leisten. Mitte April rückt der Landesherr in Stendal ein, begleitet vom Havelberger Bischof Busso von Alvensleben, dem Landeshauptmann der Altmark, Friedrich von der Schulenburg, und anderen angesehenen Herren der Mark Brandenburg. Der Kurfürst kennt keine Gnade. Die Tuchmacher Simon Möhring, Hermann Falke und Paul Ritte werden mit dem Schwert hingerichtet, weitere Aufständische ins Gefängnis geworfen. Andere haben mehr Glück. Sie werden begnadigt, wenn sie Gehorsam schwören. Sie bekommen zwei, drei oder vier Bürgen zur Seite, die den Begnadigten bis zu dessen Lebensende überwachen müssen. Wird einer der Männer rückfällig, so muss er vom Bürgen höchstselbst ins Gefängnis gebracht werden.
Doch das ist längst nicht alles. Der Kurfürst lässt die Stadt Verpflichtungen eingehen und entzieht ihr wichtige Privilegien wie das Münzrecht und die Gerichtsbarkeit. Stendal muss außerdem statt der sieben Jahre nun 14 Jahre lang die Biersteuer zahlen. Der Betrag wird verdoppelt, und der Kurfürst beansprucht den gesamten Betrag für sich, die Stadt bekommt nichts. Dann verlangt er für die Familien der Getöteten und der Geplünderten eine Entschädigung. Aber das Wichtigste ist, dass Johann Cicero einen neuen Rat einsetzt und künftig bei den Ratswahlen mitreden will. Alle altmärkischen Hansestädte müssen sich verpflichten, aus sämtlichen Bündnissen auszutreten – also auch aus der Hanse. Dass sich nicht alle daran halten, wurde bereits beschrieben.
Anschließend zieht der Kurfürst nach Osterburg weiter, um dort Huldigung und Sühne zu verlangen. Genau wie in Salzwedel, denn dort war es ähnlich zugegangen wie in Stendal. Ein kurfürstliches Gehölz war besetzt, die Güter mehrerer Edelleute überfallen und gebrandschatzt worden. Der Kurfürst hält strenges Gericht. Zwei der Rädelsführer werden mit dem Schwert gerichtet. Anders als Stendal muss sich Salzwedel verpflichten, die Bierziese wie anfangs gefordert sieben Jahre lang zu zahlen. Aber auch die Salzwedeler müssen den gesamten Betrag an die Landeskasse abgeben, ihnen bleibt davon nichts. Das Münzrecht wird ihnen vollkommen entzogen, die Gerichtsbarkeit eingeschränkt.
Am 2. Mai zieht das kurfürstliche Gefolge weiter nach Seehausen. Hier hatte besonders die Schusterinnung den Aufstand gewagt. Ihnen wird als Strafe der Schusterhof genommen. Die Seehäuser müssen die Bierziese 14 Jahre lang zahlen. Zwei Tage später erreicht Johann Cicero die Stadt Werben, die wie Tangermünde und Osterburg behandelt wird. Am 6. Mai lässt er sich in Gardelegen huldigen. Die Stadt, die in den Hansestädten erfolgreich mit ihrem Garleybier handelt, wird zur Zahlung der Biersteuer für eine Dauer von sieben Jahren verpflichtet. Sechs Wochen hat der Kurfürst gebraucht, um den Aufstand der altmärkischen Städte niederzuschlagen.

links: Der Stendaler Roland, Symbol für die Freiheit und die Rechtssprechung in der Stadt. Äußerlich ist er einem Ritter mit Schwert und Schild nachempfunden.

rechts: Der Backsteinbau mit den sehenswerten Giebeln mit der Gerichtslaube gehört zu den ältesten Teilen des Stendaler Rathauses. Er stammt aus dem beginnenden 15. Jahrhundert.

nächste Seite: Das ehemalige Rathaus der Altstadt Salzwedel war ursprünglich das Kaufhaus der Gewandschneidergilde. 1233 wurde es erstmals erwähnt. Wahrscheinlich ab der ersten Hälfte des 14. Jahrhunderts wurde das Gebäude auch als Rathaus genutzt. Im Jahr 1509 erfolgte der Umbau zum heutigen Gebäude.

Zur Ehre der Stadt auserkoren

Ratsherren und ihre kommunale Verwaltung

Der Altmärker weiß, was er will. Schon immer. Das hat ihm zwar bis heute den Ruf eingebracht, ein Sturkopf zu sein, aber es hat sich immer auch bezahlt gemacht.
Nehmen wir die Anfänge der Stadträte im Mittelalter. Mit dem Handel in der hansischen Gemeinschaft füllten sich die Handwerker und Kaufleute ihre Taschen. Und wie das oft so ist: Wer das Geld hat, will auch etwas zu sagen haben. So wurden die Herren Kaufleute und Handwerker immer selbstbewusster, immer fordernder. Die Stimmen wurden lauter, die Bevormundung durch den Adel und seine Beamten wurde nicht mehr einfach so hingenommen. Im 13. Jahrhundert begann der Kampf der Bürger um mehr Einfluss in ihren Städten.
Schauen wir als erstes Beispiel Stendal an. Nachdem im Jahr 1271 die Verwaltung aufgeteilt worden war auf Schöppen für die Gerichtsbarkeit und Ratsmänner für die städtischen Belange, gab es einen Rat mit zwölf Mitgliedern. Warum gerade zwölf, ist nicht ganz klar. Die einen sagen, weil es zwölf Jünger gab und zwölf Völker Israels, andere glauben an einen Bezug zum germanischen Rechtsdenken, in dem die zwölf Monde und die zwölf Monate eine wichtige Rolle gespielt haben. Wie dem auch sei, die neuen Ratsmänner wurden immer von den alten gewählt, nicht von den Bürgern selbst. Welchen Amtseid die Ratsherren leisten mussten, schreibt Dr. Ludwig Götze in seiner bekannten Stendal-Chronik: „Zu dem Rathe dazu ihr gekoren seid, dass Ihr dies Jahr der Stadt Ehre und Frommen ausrichten wollet, so getreulich als Ihr könnet und vermöget, und den Rath verschweigen wollet, und die vorgehaltenen Artikel nach ihrem Wortlaute halten, richten und fördern wollet (und unserem gnädigen Herren Gehorsam sein). Dazu helfe Euch Gott und die Heiligen." Die Worte in den Klammern wurden vermutlich erst nach dem Aufstand 1488 gegen die Biersteuer eingefügt.
Die beiden ersten Ratsherren trugen den Titel Bürgermeister. In jedem Jahr fand eine Wandlung statt, so wurde der Amtswechsel genannt. Der neue Rat übernahm die Regierungsgeschäfte, der alte Rat blieb aber bestehen. In besonderen Fällen traten beide zusammen. In Stendal war 1340 ein so genannter sitzender Rat für die laufenden Amtsgeschäfte zuständig. In Havelberg wird für 1373 ein Rat aus alten und neuen Mitgliedern erwähnt, der 16 Personen umfasst haben soll. Von den Handwerkern waren dort nur die vier Gewerke Bäcker, Fleischer, Schuster und Tuchmacher (Wollweber) beteiligt.
Ratsfähige Familien, auch Ratsverwandte genannt, gab es anfangs nur wenige. Die Folgen waren Vetternwirtschaft und Amtsmissbrauch. Zudem soll der Eintritt in

links: Das Tangermünder Rathaus, um 1430 vom Stettiner Meister Hinrich Brunsberg erbaut, zählt zu den bekanntesten in Norddeutschland. Seine 24 Meter hohe Schauwand gilt als Paradebeispiel für die Backsteingotik.

rechts: Schwurkästchen des Tangermünder Rates, gefertigt von Valentin Pust im Jahr 1461 und einem Reliquienschrein nachempfunden (Kupfer, vergoldet, Tangermünder Stadtmuseum). Die gewählten Mitglieder des Rates mussten, wenn sie den Amtseid leisteten, die drei Schwurfinger auf das Kästchen legen.

Ansicht der Stadt Tangermünde (Mitte des 17. Jahrhunderts), Kupferstich von Matthaeus Merian in der Topographia Electoratus Brandenburgici

den Rat nicht ganz billig gewesen sein. Das lässt die Vermutung zu, dass durch nicht ganz korrekte Amtsführung, besonders in Finanzfragen, der Verlust ausgeglichen wurde. Und wie immer musste der kleine Bürger es ausbaden. Doch der hatte schon lange die Nase voll. Als das Jahr 1285 geschrieben wurde, hatten die Handwerker schon einmal aufbegehrt, hatten von den Großbürgern mehr politische Macht gefordert. Vergebens, denn die Markgrafen Otto IV. und Konrad stellten sich auf die Seite der Gewandschneider und schlugen die Revolte nieder.

60 Jahre später, im Jahr 1345, gelang der Aufstand. Die Stendaler Bürger wollten es nicht länger hinnehmen, von der Ratswahl ausgeschlossen zu werden. Sie wollten nicht länger die Alleinherrschaft der Gewandschneider und der Patrizier über die Stadtpolitik tolerieren. Sie wollten nicht länger zusehen, wie das Geld der Stadt verschleudert wird oder in den Truhen der Ratsleute verschwindet. Konkret wurde den Ratsherren vorgeworfen, sich bei der Steuer zu übervorteilen, zudem sollen sich die Herren ohne Bezahlung am Wein aus dem Ratskeller bedienen. Im Sommer kam es zur Revolte. Vornehme Familien, darunter auch Nikolaus von Bismarck, der bei den Stendalern wenig beliebt war, wurden aus der Stadt vertrieben. (Fünf Jahre später kam es zur Aussöhnung, Nikolaus von Bismarck trat in den Dienst der Stadt und wurde Hauptmann der Lanzenträger und Schützen.)

Im November 1345 trafen sich 14 Personen, um eine neue Stadtverfassung zu schreiben. Am 5. Dezember wurde sie vom Markgrafen bestätigt. Die Bürger hatten es geschafft, sie hatten die Allmacht der Gewandschneider gebrochen. Denn die neue Verfassung schrieb vor, dass keine Gilde eine andere in ihren Rechten behindern durfte.

Im neuen Rat gab es wiederum zwölf Sitze. Je zwei davon bekamen die Gewandschneider, die Gewandmacher, die Krämer und die Ackerbürger, jeweils einen die Kürschner, die Gerber/Schuhmacher, Knochenhauer und Bäcker. Pro Jahr mussten zwei Drittel der Mitglieder den Rat verlassen, sie waren in den folgenden zwei Jahren nicht wiederwählbar. Wollte der Rat Gebote und Satzungen verabschieden, mussten die Oberen der wichtigen Gilden und Innungen hinzugezogen werden. Soweit die Theorie, die in der Praxis wie so oft etwas anders aussah. Die Gewandschneider behielten ihren Einfluss, nicht selten hatten sie mehr Sitze im Rat inne als ihnen zustanden. Und dann gab es auch schon im 14. Jahrhundert im Stendaler Stadtrat das, was heute Koalition genannt wird. Die Gewandschneider taten sich mit den Krämern und Knochenhauern zusammen zum Dreiwerk. Gemeinsam hatten sie fünf Stimmen, wie die anderen Gilden auch. Mit Zugeständnissen oder Geld ließen sich die Ackerbürger mit ihren zwei Ratsstimmen schnell auf die Seite des Dreiwerks ziehen. 1387 fühlte sich diese Koalition sogar so stark, dass sie einen Teil der Stadtverfassung wieder rückgängig machen wollte – ohne Erfolg. Aus dieser Zeit erhalten ist eine Urkunde über ein Bündnis, das der Rat mit den Stendaler Gerbern, Schuhmachern, Bürstenmachern, Kürschnern und Tuchmachern zum gegenseitigen Beistand geschlossen hat.

Im Jahr 1429 bestimmte Markgraf Johann noch einmal das Prozedere der Ratswahl in Stendal. Dem war ein Aufruhr der Tuchmacher vorausgegangen. Die Ratsmitglieder sollten nun wieder aus „der Gemeinheit und aus allen Gilden" gewählt werden. Dadurch wurde die Begrenzung auf bestimmte Gilden aufgehoben, wie sie 1345 festgeschrieben worden war. Unter anderem führte die Neuregelung dazu, dass die Kürschner und Leinenweber vom Rat ausgeschlossen wurden.

links: An der Westseite des Gardeleger Rathauses sind die Wappen der altmärkischen Städte zu sehen, links das der Stadt Gardelegen.

rechts: Das Gardeleger Rathaus wurde erstmals im Jahr 1241 als Kauf- und Schauhaus erwähnt. Später wurde es umgebaut und erweitert. Sehenswert wird es durch die spätgotische Backsteinfassade und die Arkaden mit Sterngewölbe.

Die Kürschner vermutlich, weil sie zahlenmäßig zu unbedeutend geworden waren, die Leinenweber, weil sie mehr und mehr mit den Tuchmachern fusionierten.
In den Jahren der Hanse gab es in der Bürgerschaft der Städte Veränderungen, die politisch bedeutend waren. In Gardelegen zum Beispiel waren seit dem 13. Jahrhundert die Gewandschneider und Tuchmacher, später weitere Gilden führend im Rat. 1480 kam es in der Stadt zum Konflikt, denn die erstarkte Brauergilde wollte teilhaben an der politischen Macht. Unterstützer fanden sie in den kleinen Handwerkern und Tagelöhner, die sich auch ein besseres Leben wünschten. Die wohlhabendsten Mitglieder der Brauzunft schafften es in die Stadtpolitik, andere Rädelsführer wurden von Kurfürst Albrecht Achilles zum Tode verurteilt und vor dem Rathaus hingerichtet. Die Stadt musste zudem eine Strafsteuer von 1300 Gulden zahlen.
Stadtpolitik wurde weitgehend von Männern der städtischen Ober- und Mittelschicht gemacht. Frauen, Bettler oder die so genannten unehrlichen Berufe wie Henker, Totengräber, Spielleute und Prostituierte sowie die Juden hatten keinen Einfluss. Genau genommen hatten sie so gut wie keine Rechte. Für viele Handwerker und Kaufleute war es hingegen ein erstrebenswertes Ziel, einen Platz im Stadtrat zu bekommen. Denn neben dem Ansehen brachte das Amt auch einige Vorteile mit sich. Unter anderem wurden die Ratsmitglieder von den Abgaben befreit. Aus den anfangs Ehrenamtlichen wurden später Empfänger von Naturalien, Geld und Gratifikationen.
Gewählt wurden die Ratsmitglieder im Rathaus. Die Amtseinführung fand meist zu Lichtmess statt, also am 2. Februar. In Formulierungen damaliger Zeit wurde der Rat oft mit dem Attribut ehrbar oder ehrsam verbunden. In Tangermünde musste jedes neue Ratsmitglied den Eid auf dem vergoldeten Tragaltar, einem Schwurkästchen, ablegen. Während der neue Ratsherr die Formel sprach, legte er die drei Schwurfinger auf den einem Reliquienschrein nachempfundenen Tragaltar.
Auch wenn es sich mit heute nicht vergleichen lässt, so unterstand dem Rat schon zu Hansezeiten die städtische Verwaltung. Das Zusammenleben der Menschen wurde administrativ geregelt. Auch die Bürokratie hatte zu dieser Zeit ihre erste Blüte, der Schriftverkehr nahm zu. Das 14. und 15. Jahrhundert hat von einigen Historikern den Beinamen Aktenzeitalter bekommen. In den größeren Städten gab es Spezialisierungen, in kleineren Städten wie Tangermünde lasteten die Schreibarbeiten auf den Schultern eines einzigen Kanzlermitarbeiters.
Zu den Angestellten gehörten die Stadtschreiber, die die Büroarbeiten und Botendienste erledigen mussten. Außerdem gab es Stadtknechte als Polizei und Torwärter. Sie mussten bei Amtsantritt schwören, gütlich und freundlich gegen die Bürger zu sein. Auf einem Kirchturm wohnte der Türmer und Stadtpfeifer. Morgens und abends musste er die Zeit abblasen, an Feiertagen mit seiner Drei-Mann-Kapelle in der Kirche spielen. Die Reitknechte betreuten die Ratspferde, denn für Dienstreisen der städtischen Beamten wurden in jeder Stadt Pferde und Wagen bereitgehalten. Zudem beschäftigte die Stadt Bierpfünder, die in den Brauereien das frische Bier abholten, es kosteten und den dafür zuständigen

links: Der Stendaler Marktplatz wird geprägt vom Rathaus und der dahinter stehenden doppeltürmigen Marienkirche. Rechts ist die Gerichtslaube zu sehen, in der im Mittelalter Gericht gehalten wurde.

rechts: Der ehemalige Rathausturm der Neustadt Salzwedel ist ein Beispiel für die Renaissance in der Altmark. Der Turm wurde 1558 fertig gestellt.

Ratsmännern eine Kostprobe brachten. Den Verkauf des Bieres übernahm dann der Bierzapfer im Ratskeller.
Für das Einsammeln der Abgaben waren der Marktmeister und die Stadtknechte zuständig. Es gab eine erste Mahnung, dann wurde gepfändet oder es wurde den Schuldnern die Haustür ausgehängt. Die Tür konnte im Rathaus ausgelöst werden. Mit dem so genannten Hellwagen wurden die Haustüren abgeholt. Wenn der Wagen am Haus des Schuldners hielt, reichte dies manchmal schon als letzte Mahnung. Besonders beliebt war es, drei Tage vor Weihnachten die Haustüren einzusammeln.
Zu den Aufgaben der Ratsmänner gehörte die Aufsicht über die Markt- und Baupolizei, über die öffentlichen Brunnen, die städtische Forst und über die außerhalb der Stadt liegenden Gärten. Die Ratsherren bestätigten und überwachten die Statuten der Gilden, kassierten die Abgaben für den Landesherren und leiteten sie weiter, beaufsichtigten die Hospitäler. Dem Rat oblag es zudem, das Bürgerrecht zu verleihen.

Die Rathäuser mit ihren Gerichtslauben gehören heute zu den beeindruckendsten steinernen Zeugnissen der Hansezeit. Zu den wohl bekanntesten in Norddeutschland zählt das ab 1430 von Hinrich Brunsberg aus Stettin erbaute spätgotische Rathaus in Tangermünde. Seine Schauwand ist ein Paradebeispiel für die Backsteingotik.
Das heutige Stendaler Rathaus entstand im Wesentlichen im 15. Jahrhundert, der Vorgängerbau wurde schon im Jahr 1188 erwähnt. Zum Ensemble gehört der Backsteinbau mit der sich zum Markt hin öffnenden Gerichtslaube. Später entstand der parallel dazu liegende Trakt, das Gewandhaus. Beide Teile haben an ihrer Südseite spätgotische Backsteingiebel. Ende des 15. Jahrhunderts entstand der so genannte Corpsflügel in der Achse der Marienkirche. Das Äußere wurde im Folgejahrhundert im Stil der Renaissance umgebaut. Zu den Schätzen innerhalb gehört auf jeden Fall die Schnitzwand im kleinen Saal, die 1462 geschaffen wurde. Sie ist die älteste profane Schnitzwand nördlich der Alpen, älter als die bekannten Holzvertäfelungen der Rathäuser in München und Goslar.
Gardelegens Rathaus wurde 1241 erstmals als Kauf- und Schauhaus erwähnt. Es steht am dreieckigen Marktplatz. Sehenswert ist das Gebäude durch seine spätgotische Backsteinfassade, die Arkaden mit Sterngewölbe, die reichgewölbten Innenräume sowie die Wappenleiste an der Westseite.
Das Rathaus der Salzwedeler Altstadt wurde 1233 erstmals als Kaufhaus der Gewandschneider erwähnt. Vermutlich ab der ersten Hälfte des 14. Jahrhunderts wurde es als Rathaus genutzt. Repräsentativ ist der Nordostgiebel mit den drei Nischen. Darin zu sehen sind eine Strahlenkranzmadonna, der Heilige Christophorus als Schutzpatron des Verkehrs, der Pilger und Reisenden sowie in der Mitte das kurbrandenburgische Wappen. Der Bau ist schlicht gegliedert, wie es im Mittelalter für Verwaltungsbauten typisch war. Der Platz vor dem Rathaus wurde seinerzeit nicht nur für den Markt genutzt, sondern wie andernorts auch als Richtstätte.
In Werben sind Erd- und Obergeschoss des Rathauses zwar erst viel später gebaut worden, doch der gotische Ratskeller stammt schon aus der Mitte des 15. Jahrhunderts. In Seehausen ist neben dem neugotisches Rathaus noch die mittelalterliche Gerichtslaube erhalten. In Havelberg soll schon 1310 ein Rathaus entstanden sein, gut 100 Jahre später wurde es vermutlich um eine Gerichtslaube ergänzt.

links: Das Innere des Rathauses in Tangermünde besticht durch die Gewölbe.

rechts: Die Mönchskirche in Salzwedel wurde 1250 als Gotteshaus für das Franziskanerkloster gebaut. Heute finden dort Musikveranstaltungen und Ausstellungen statt. Ein Teil des ehemaligen Klosters wird zudem von der Stadtverwaltung als Rathaus genutzt.

nächste Seite: Panoramablick vom Uenglinger Tor über die Stadt Stendal. Links ist die Marienkirche zu sehen, rechts die Petrikirche und dazwischen im Hintergrund der Dom.

WINCKELMANN
MUSEUM

Ein Jackendieb am Galgen

Rechtsprechung in den altmärkischen Städten

Justitia selbst ist bekanntlich blind, aber ihre mittelalterlichen Dienstherren sahen in ihr eine gute Ware. Die Gerichtsbarkeit war ein lukratives Handelsgut. Es war ein Geschäft, von dem beide Seiten profitierten. Der Markgraf und später Kurfürst bekam Geld in seine oft leere Kasse, die Städte bekamen Einfluss auf die Rechtsprechung innerhalb ihrer Stadtmauern. Sie konnten die Sicherheit und Ordnung in der Stadt selbst in die Hand nehmen. Einige dieser „Rechtsgeschäfte" sind überliefert.

Seehausen zum Beispiel hat 1327 vom Markgrafen die Verwaltung des Stadtgerichtes und das Schultheißenamt gekauft. Bis 1600 sollen die Bürgermeister auch Stadtrichter gewesen sein, laut einem Gerichtsbuch gab es dort keine Trennung in Schöppen und Ratsherren. Gardelegen erwarb 1316 das Schulzenamt und damit die Hohe Gerichtsbarkeit. Diese umfasste Mord, Totschlag und schweren Diebstahl. Die niedere Gerichtsbarkeit beschäftigte sich hingegen mit geringeren Straftaten und privaten Rechtsstreitigkeiten. Havelberg hatte ab 1431 Einfluss auf die städtische Rechtsprechung.

Im Jahr 1427 verpfändete der Hohenzoller Johann, Statthalter der Mark Brandenburg, das oberste und niederste Gericht an die Bürgermeister und die Ratsherren der Stadt Stendal. Der Markgraf bekam dafür 500 Mark, das Pfandgeld galt als übliches Darlehen. Die Stadt durfte im Gegenzug drei Jahre lang die Einkünfte aus dem Gericht behalten, die normalerweise der Landeskasse zustanden. Für 200 rheinische Gulden verpfändete Markgraf Friedrich der Jüngere im Jahr 1449 die landesherrliche Gerichtsbarkeit an die Stadt Werben.

Die Stendaler übernahmen das Magdeburger Recht. Später war das Stendaler Recht dann Vorbild beispielsweise in Salzwedel und Tangermünde, aber auch Kyritz, Wittstock und Prenzlau.

Zu Beginn lag die Rechtsprechung in den Händen von Schöppen, deren Vorsitzender der Stadtschulze war. Nach dem Magdeburger Vorbild gehörten diesem Gremium sieben Schöppen an, die aus den Reihen der Vollbürger gewählt wurden, also von jenen, die Grundbesitz und damit die bürgerlichen Rechte hatten. In Tangermünde soll es sogar so gewesen sein, dass Gewählte das Schöppenamt annehmen mussten. Es wurde damit gedroht, ihnen sonst die Bürgerrechte zu entziehen und eine Strafe zu verhängen. Nach deutschem Recht war es so, dass das Schöppengremium das Urteil finden musste, die Verkündung und Vollstreckung aber durfte nur eine Person vornehmen. Meist war es der Vorsitzende der Gruppe, Richter genannt und im Amt des Stadtschulzen.

Eingesetzt und erblich belehnt wurde der Stadtschulze anfangs vom Markgrafen, ab Ende des 13. Jahrhunderts konnten auch Bürger in das Amt gewählt werden. Mehr und mehr übernahmen dann die Ratsmänner Aufgaben der Gerichtsbarkeit.

In Stendal kam es im Jahr 1272 zur Trennung zwischen Schöppen (scabini) für die Rechtspflege und Rat (consules) für die Verwaltung. Zunehmend wurde die Justiz zum ausschließlichen Beruf der Schöppen, anfangs ein lebenslanges Amt, im späten Mittelalter auf ein Jahr Amtszeit begrenzt. Aus dieser Zeit ist in der Stendal-Chronik vom Dr. Ludwig Götze folgender Eidesspruch überliefert: „Zu der Schöppenbank, dazu Ihr gekoren seid, daß Ihr dies Jahr zwischen zwei Urteln das richtigste finden wollet, nach Eurem besten Wißen, So wahr Euch Gott helfe und die Heiligen."

Eine klare Trennung zwischen Rat und Schöppen gab es erst Mitte des 14. Jahrhunderts, bis dahin wurden die Fälle mal von dem einen, mal vom anderen behandelt. Die Mitglieder beider Gruppen entstammten aristokratischen Kreisen. Darum waren Schöppen und Rat in der Anfangszeit mehr Ausschüsse der mächtigen Gewandschneidergilde als wirklich unabhängige Gremien.

Das Schöppengericht tagte in späterer Zeit auf dem Marktplatz, bei gutem Wetter unter freiem Himmel und bei Regen unter der Gerichtslaube, die deshalb oft den Beinamen Klagelaube hatte. Bewusst wurde das Recht öffentlich gesprochen, damit möglichst viele Bürger dies sehen und hören konnten. Die Sitzungen der Schöppen fanden alle zwei bis drei Wochen statt. Klage erhoben diejenigen, die Schulden einfordern, persönliche Beleidigungen

links: Vor der Gerichtslaube des Stendaler Rathauses steht der Roland, mit 7,80 Meter der drittgrößte in Deutschland. Das Original stammt aus dem Jahr 1525, der heutige Roland ist eine Nachbildung aus dem Jahr 1974. Im Mittelalter waren die Rolande Symbol für die Rechte und Freiheit der Stadt, sie standen meist an den Marktplätzen.

rechts: Schandpfahl aus der Stadt Seehausen (Danneil-Museum Salzwedel)

ahnden und Erbstreitigkeiten schlichten lassen wollten. Wer mit dem Urteil nicht zufrieden war, konnte sich für ein Endurteil an die Magdeburger Schöppen wenden. Das tat beispielsweise ein gewisser Thomas Engel aus Werben, der 1487 beschuldigt worden war, im Haus von Markus Bubbert den Werbener Rat beleidigt zu haben. Genaueres ist nicht überliefert.

Kam ein Gläubiger nicht zu seinem Geld, wurde ihm das Recht zugesprochen, den Schuldner zu pfänden, das Pfand bei Christen oder Juden zu versetzen und sich daran schadlos zu halten. Wenn der Schuldner nicht genug oder gar nichts hatte, durfte der Gläubiger sein Pfändungsrecht auf die Bürgen des Schuldners ausdehnen. An den Markttagen wurden die Pfänder dann veräußert.

Wie auch heute wurden je nach Schwere des Verbrechens unterschiedliche Strafen verhängt. Zu den milderen Strafen gehörte die öffentliche Demütigung wie der Pranger oder das Abschneiden der Haare bei Frauen. Sie wurden ausgesprochen, wenn jemand öffentlich Ärgernis erregt hatte. Nicht selten gehörten Spielleute, Prostituierte und Zigeuner zu den Leidtragenden. Zu den leichteren Vergehen gehörten außerdem vor- oder außereheliche Liebeskontakte. Zur juristischen Strafe kam dann meist noch eine andere hinzu: Wer wollte eine Frau heiraten, die wegen ihrer verschenkten Jungfräulichkeit öffentlich zur Schau gestellt worden war?

Gängige Praxis beim Bestrafen war das Abhacken einer Hand oder das Abschneiden eines Ohres. So waren Verbrecher für alle sichtbar bis ans Ende ihres Lebens gezeichnet. Die schwersten Verbrechen wurden mit dem Tod bestraft, vollstreckt durch Enthauptung, Erhängen, Verbrennen oder Rädern, der wohl härtesten Todesstrafe. Die grausamen Strafen sollten Vergeltung und Abschreckung zugleich sein. Denn der Glauben spielte in der mittelalterlichen Rechtsprechung eine wichtige Rolle. Lange meinte das Volk, der Täter sei vom Teufel besessen, der ihn zum Verbrechen angestiftet hat. Ab dem 14. Jahrhundert setzte sich dann mehr und mehr die Ansicht durch, dass der Verbrecher selbst für seine Handlung verantwortlich ist. Manchmal stand die Strafe aber in keinem Verhältnis zur Tat. Im Jahr 1378 soll in Seehausen ein Mann gehängt worden sein, weil er eine Jacke gestohlen hatte. Und für das Jahr

1393 wird berichtet, dass Frauen aus der Stadt gejagt wurden, weil sie von der Bleiche ein Laken gestohlen hatten – zuvor waren ihnen die Ohren abgeschnitten worden. Andere Vergehen wurden mit Geldstrafen geahndet. Wer in Seehausen falsche Maße und Gewichte angegeben oder die Stadtbefestigung beschädigt hatte, musste 18 Schilling an die Stadt zahlen – damals eine beachtliche Summe.

Es gab auch einige lokale Gerichtsbräuche. In Stendal war es zum Beispiel Mördern gestattet, mit dem Kläger eine Sühne oder einen Vergleich zu vereinbaren, noch bevor der Täter die Genehmigung des Landesherren dafür eingeholt hatte. Dieser Vorgehensweise hatte der Markgraf im Jahr 1454 zugestimmt.

links: Gardelegen ist neben Stendal die zweite Stadt mit einem Roland. Vor der Gerichtslaube des Rathauses steht heute allerdings eine Figur aus dem Jahr 2002. Das Original ist nicht mehr vorhanden.

rechts: Der Hungerturm in Salzwedel ist ein Rest der ehemaligen Stadtbefestigung. Er wurde als Wachhaus genutzt. Woher er seinen Namen hat, ist nicht bekannt. Im Hintergrund ist die Marienkirche zu sehen.

LOEWEN - APOTHEKE
APOTHEKE

Ein juristischer Brauch war zudem das Leibzeichen oder die Totenhand. Einem gewaltsam Getöteten wurde dabei ein Teil abgeschnitten, ein Daumen oder eine Hand, denn die Leiche konnte nicht unbegrenzt aufbewahrt werden. Das Körperteil musste der Kläger als Beweismittel dem Gericht vorweisen und damit den Prozess gegen den Totschläger einfordern. Dank des Leibzeichens konnte der Leichnam bestattet werden, noch bevor der Täter bestraft wurde.

Vor dem Rat erfolgten Akte der freiwilligen Gerichtsbarkeit wie Veräußerungen und Übertragungen von Bürgergut, das damals Gift genannt wurde. Die Verhandlungen wurden im Stadtbuch verzeichnet, das gleichzeitig als Hypothekenbuch diente.

Als äußeres Symbol ihrer politischen Rechte stellten viele Hansestädte einen Roland auf. Der Stendaler Roland stammt aus dem Jahr 1525 und ist der drittgrößte in Deutschland. Der heutige ist allerdings eine Nachbildung aus dem Jahr 1974, Originalteile sind in der Katharinenkirche ausgestellt. Obwohl es keinen Beweis dafür gibt, wird doch vermutet, dass der jetzige Stein-Roland einen Vorgänger aus Holz hatte, denn die stolzen Recken waren schon immer Symbol für die Reichsfreiheit, aber auch für die Gerichtsbarkeit. Da mit dem Bierziese-Aufstand von 1488 aber viele dieser Privilegien verlorengingen, ist es nicht ganz unwahrscheinlich, dass es in Stendal schon vor 1525 einen Roland gegeben haben könnte.

Auf der Rückseite des 7,80 Meter großen Recken gibt es eine Figur, in der viele Till Eulenspiegel sehen. In den Händen hält er einen Dudelsack und das Stendaler Stadtwappen. Der Sage nach soll der berühmte Narr dort seinen ewigen Platz gefunden haben, nachdem er mit einem Stendaler Tuchmacher seinen Schabernack getrieben hatte. Auf dessen Frage, ob er gern spinnt, soll Till mit einem überzeugenden Ja geantwortet haben. Als der Meister am nächsten Tag in die Werkstatt kam, saß Eulenspiegel auf dem Tisch – und unzählige Spinnen krabbelten um ihn herum.

Auch Gardelegen hatte einen mittelalterlichen Roland. Wann genau dieser aufgestellt wurde, ist nicht bekannt. Erstmals erwähnt wurde er in einer Stadtordnung, mit deren Verfassen um 1450 begonnen und die über 100 Jahre hinweg fortgeschrieben wurde. Gestanden haben soll der Roland bis 1727, bis er durch Brände geschädigt zusammengefallen ist. Der Original-Roland ist nicht mehr erhalten, 2002 wurde auf Bürgerinitiative ein neuer aufgestellt.

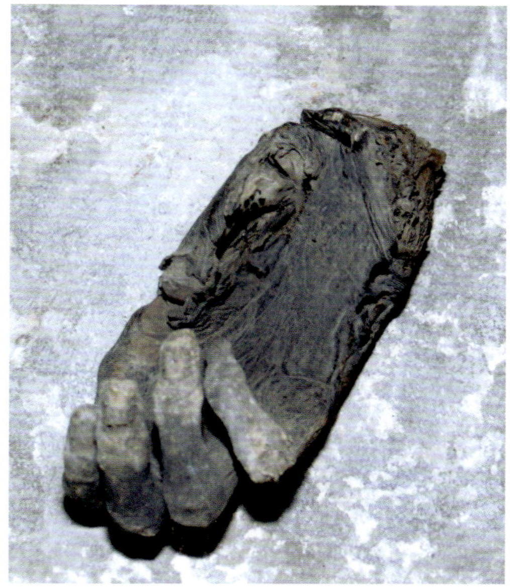

links: Ehemalige Gerichtslaube und Löwenapotheke in Salzwedel. Die Apotheke stammt im Kern aus dem 15. Jahrhundert, die heutige Fassade wurde im 19. Jahrhundert gebaut. Die Vorgängerbauten wurden im 17. Jahrhundert durch einen Brand vernichtet.

rechts: Totenhand oder Leibzeichen aus dem 15. Jahrhundert, Menschliche Hand, zirka 14,5 Zentimeter lang (Altmärkisches Museum). Damit ein Ermordeter noch vor dem Prozess beigesetzt werden konnte, wurde ihm ein Körperteil abgeschnitten, der als Beweis den Schöppen vorgelegt werden musste.

Rückseite des Stendaler Rolands mit der Figur Till Eulenspiegel. Sie hält das Stadtwappen und eine Laute in der Hand.

Und die Gilde wird tapfer getrunken

Kaufleute und Handwerker als politische, wirtschaftliche und soziale Kraft

Da sitzt der junge Mann nun im großen Saal des Gildehauses. Heute soll er selbst Mitglied der Gewandschneidergilde werden. Die Obersten ihrer Vereinigung, die Gildemeister, hatten gestern den Gildeknecht durch die Stadt geschickt, um zur Versammlung einzuladen. Zur Morgensprache, wie es unter den Brüdern heißt. Um 11 Uhr erscheinen der Gildemeister und die zum Vorstand gehörenden Aldermänner, um 12 Uhr müssen alle anderen anwesend sein. Wer nicht kommt, muss sechs Schillinge Strafe zahlen. Der frühe Beginn der Morgensprache basiert auf dem alten germanischen Brauch, dass Versammlungen bei Tageslicht beendet sein müssen.

Der Gildemeister begrüßt nach alter Formel, fragt in die Runde, ob jemand etwas Wichtiges für die Gemeinschaft zu vermelden hat. Der Vater des jungen Mannes erhebt sich und bittet für seinen Sohn um Aufnahme. Der Kandidat muss den Raum verlassen, hinter verschlossenen Türen wird beraten. Reine Formsache, denn als Sohn eines Gildemitgliedes stehen ihm die Türen ohnehin offen. Antragsteller ohne familiäre Beziehungen zur Gilde haben es da schon schwerer, sie müssen Bürgen stellen und ihren Geburtsbrief vorlegen.

Kaum wieder im Zimmer, bekommt das Neumitglied schon einen Becher in die Hand gedrückt. Es wird angestoßen. Das Trinken ist fester Bestandteil der Morgensprachen, in einigen Gilden gibt es sogar Trinkordnungen dafür. Aussprüche wie „Die Gilde wird getrunken und gefeiert" oder „Die Gilde wurde tapfer und sehr tapfer getrunken" sind zu dieser Zeit verbreitet. Vermutlich basiert diese Tradition auf den germanischen Trankopfern. Finanziert werden die Gelage aus den Beiträgen, Straf- und Eintrittsgeldern und dem Einkommen aus Gildebesitz. Und weil das Geld allen gehört, wird denen, die entschuldigt fehlen und in der Stadt sind, der Wein sogar ins Haus gebracht.

Mit der Hand auf dem Gildebrief schwört der junge Mann nun dem Rat Gehorsam und der Gilde das Einhalten ihrer Vorschriften. Vom Gildemeister bekommt er so alle Rechte, Ellen, Maße und Gewichte, wie sie im Statut der Gilde festgeschrieben sind. Festgelegt sind darin noch andere Dinge. Zum Beispiel, dass ein Bruder bei einer Reise auf eigene Kosten mindestens einen Tag und eine Nacht bei einem anderen Gildemitglied bleiben muss, wenn dieser krank wird oder in Not gerät. Wer sich daran nicht hält, wird aus der Gilde ausgeschlossen. Mit einer Geldstrafe kommt der davon, der einen Gildebruder tätlich misshandelt...

Mit diesem Prozedere wurde der junge Mann in die angesehene Stendaler Gewandschneidergilde aufgenommen, die aus einer Stadtgilde hervorgegangen war. Damals waren die Blutsbande nicht mehr so wichtig.

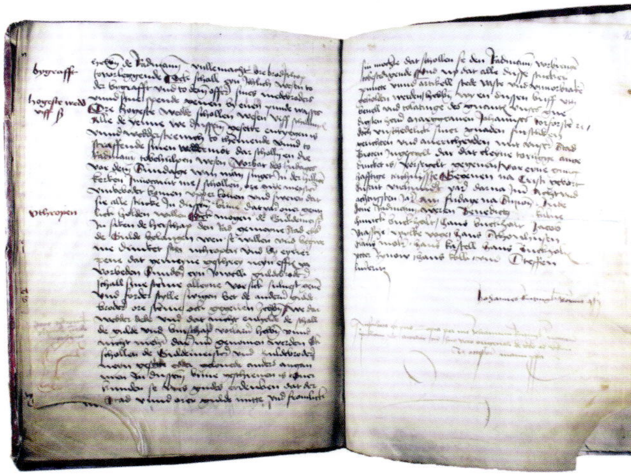

Verwandtschaft war nicht mehr das allein Verbindende im städtischen Zusammenleben.

links: Mittelalterliches Glasmalfenster aus der Stendaler Jacobikirche (Ende des 14. Jahrhunderts) mit der Darstellung eines Krämers

rechts: Gildebuch der Stendaler Pelzer aus dem Jahr 1508 (Stadtarchiv Stendal)

Werkzeuge des Zimmermannes und Steinmetzes: Beil, Lot, Zirkel, Ziegelform und Formstein (Altmärkisches Museum Stendal)

[li]nks: Glasmalfenster in der Stendaler Jacobikirche (Ende des 14. Jahrhunderts) mit der Darstellung eines Gewandschneiders und eines Tuchmachers

[r]echts: Die Jacobikirche ist Stendals ältestes Gotteshaus. [De]r Vorgänger der heutigen Kirche könnte die Dorfkirche der ersten Siedlung gewesen sein.

Die Gewandschneider taten sich zusammen, weil sie die gleichen Ziele hatten, die gleichen Rechte und Pflichten in der Stadt, weil sie Gesinnungsgenossen waren. Sie wollten sich gegenseitig schützen, aber auch die Geselligkeit pflegen. Anfangs konnten darin alle Mitglied werden, die Vollbürger waren, also eigenen Besitz hatten. Natürlich waren das meist Kaufleute und Gewandschneider. Und die ließen sich vom Landesherren ausdrücklich die Rechte ihrer Gilde erklären. So war der Tuchschnitt nur den Gewandschneidern gestattet. 1231 erteilten die Markgrafen Johann I. und Otto III. den Stendaler Gewandschneidern, auch Tuchhändler genannt, nach Magdeburger Vorbild dieses Privileg. Auch wenn die Tuchmacher und Wollweber die Stoffe herstellten, schneiden durften sie diese nicht. Wer sich nicht daran hielt, den erwartete eine hohe Geldstrafe.

Neue Mitglieder in den ersten Gilden konnten nur Söhne von Gildebrüdern werden oder unbescholtene Bürger, die keine Handwerker waren. Wer allerdings seinem Handwerk abschwor, konnte gegen Zahlung eines Eintrittsgeldes dennoch aufgenommen werden. Aus der alten Stadtgilde wurde dann mehr und mehr die eigentliche Gewandschneidergilde, die sich im Mittelalter selbst oft Seidenkramer-Gilde nannte. Und die hatte das Sagen in der Stadt. In den Anfangsjahren gab es keine Ratsherren oder Schöppen, die nicht aus den Reihen der Gewandschneider gewählt worden waren. Diese Gilde wies übrigens wie die in Tangermünde eine Besonderheit auf: Sie nahm Geistliche und Landadlige in ihre Reihen auf, die vermutlich am geselligen Leben der Gilde teilnehmen und für ihr Seelenheil in der Genossenschaft aktiv sein wollten. In der Tangermünder Gewandschneidergilde, die 1275 ihr Privileg vom Markgrafen erhalten hat, soll sogar einmal ein Markgraf von Brandenburg Mitglied gewesen sein. Die Geistlichen und Ritter wurden als Ehrenmitglieder angesehen, die an den Veranstaltungen teilnehmen konnten, aber keine Pflichten oder Ämter übernehmen mussten.

Neben den Gewandschneidern gab es schon im 13. Jahrhundert in Stendal eine Gilde der ansässigen Seefahrer. Bei ihnen handelte es sich vermutlich um Bürger, die mit eigenen Schiffen von der Elbe aus Handel betrieben. Weil Kaufmann und Schiffsmann zu Beginn des Seehandels oft identisch waren, dürften die Stendaler Seefahrer wohl Kaufleute und vielleicht sogar ein Zweig der Gewandschneidergilde gewesen sein, die nach Hamburg, Lübeck, Wismar und sogar weiter nach England und Flandern unterwegs waren. Ab Mitte des 14. Jahrhunderts fehlen Hinweise auf eine Seefahrergilde.

Auch in Salzwedel waren die Gewandschneider zu Beginn die erste und führende Gilde. Zu ihren Mitgliedern sollen die Markgrafen Otto IV. und Ludwig der Ältere gehört haben. Die Gilde bekam im Jahr 1233 das Privileg, dass nur die Gildemitglieder im

IONAS THONE
ALTERMAN
DITRICH KERSTENS
GILDE MEISTER
HEINRICH KRAMER

neuen Kaufhaus, dem späteren Rathaus der Altstadt Salzwedel, Tuche schneiden dürfen. In dieser Urkunde wird Salzwedel erstmals „civitas", also Stadt, genannt. Neben den Einnahmen aus dem Tuchhandel hatten die Gewandschneider oft auch Landbesitz, den sie an Bauern verpachteten. 1351 wurde erstmals die Gewandschneidergilde der Neustadt Salzwedel erwähnt, auch für sie wurde das 1233 vergebene Privileg bestätigt. In Seehausen soll die Gewandschneidergilde im Jahr 1256 mit den Privilegien ausgestattet worden sein.

Die Gilden und die Innungen waren die gestalterischen Kräfte in den Hansestädten. Waren die Kaufleute in Gilden organisiert, so taten dies die Handwerker in Zünften und später in Innungen. Die Handwerker machten damals den Großteil der Bürgerschaft aus. Anfangs traten nur die Gewandschneider als Gilde auf, in späteren Stiftungsbriefen der Stadträte werden auch Zusammenschlüsse von Handwerkern als Gilden bezeichnet. Beispielsweise wird der Begriff im lateinischen Stiftungsbrief der Stendaler Kramer-Innung (1299) und in dem der Bäcker-Innung (1341) verwendet. Die Begriffsvermischung ist verständlich, denn sowohl Kaufmannsgilden als auch Handwerker-Innungen müssen als Nachfolger der früheren Schutzgilden angesehen werden. Ziel beider war es auf jeden Fall, die Gewerbetreibenden eines Zweiges zu erfassen und all jene, die nicht zum Bund gehörten, an der Ausübung ihres Gewerbes in der Stadt zu hindern.

In Stendal gehörten die Tuchmacher und Wollweber zu den wichtigsten Gewerben. Die Tuchmacher bekamen ihr erstes Innungsstatut im Jahr 1233. Der Rat, ausschließlich mit Mitgliedern der Gewandschneidergilde besetzt, regelte darin unter anderem den Umfang der Produktion. So durfte jeder Tuchmacher an höchstens zwei Webstühlen arbeiten, die ihm gehören mussten. Auch die Qualität der Tuche wurde festgeschrieben. Die Tuchmacher-Innung soll immer mehrere hundert Mitglieder gehabt haben. Zahlenmäßig am größten, waren sie auch die Unruhigsten in der Stadt. Sie standen an der Spitze des Widerstandes gegen die übermächtigen Gewandschneider.

In den Städten gab es je nach wirtschaftlichen Schwerpunkten verschieden starke Gilden. In Gardelegen waren das die Bierbrauer, in Havelberg die Schiffbauer und in Werben die Fischer. Nach ihrem Schutzpatron schlossen sich Letztgenannte zur Gilde St. Nikolai zusammen. Auch in Havelberg gehörten die

links: Gildechrank in der Marienkirche in Stendal mit den Wappen verschiedener Gilden

rechts: Bündnisurkunde vom 12. November 1387. Darin vereinbarten die Stendaler Gerber, Schuhmacher, Bürstenmacher, Kürschner und Tuchmacher mit dem Rat gegenseitigen Beistand (Stadtarchiv Stendal).

Heiliger Nikolaus, Schutzheiliger der Händler und Seeleute, an einer Außenseite des Stendaler Domes, der ihm geweiht wurde.

Fischer schon früh zu den führenden Gewerken, ihr ältestes markgräfliches Privileg ist aus dem Jahr 1371 bekannt und formuliert das Recht zur Berufsausübung. 1486 ordnete Kurfürst Johann Cicero an, dass nur die Havelberger Fischer zwischen Rathenow und Havelberg vom Kahn aus fischen durften. Andere konnten vom Ufer aus auf Fang gehen. Das jährliche große Fest der Fischerkompagnie fand am Sonnabend nach Pfingsten statt, die Gäste kamen auch aus anderen Städten.

In den Hansestädten gab es zahlreiche Innungen. Krämer waren ebenso organisiert wie die Knochenhauer (Schlachter), die Kürschner und Bäcker, die Schuster, Gerber, Stellmacher, Hutmacher, Branntweiner oder Brauer. Jede Innung hatte ein eigenes Siegel und ein eigenes Zunftzeichen. Bei den Schneidern war es

eine Schere, bei den Bäckern eine Brezel. Das Siegel der Stendaler Kürschner beispielsweise zeigte ein Schurzfell und Blumenzweige darüber. Im Siegel der Knochenhauer war ein Ochse zu sehen, der auf einem Sockel steht. Noch heute erinnern Straßennamen oder Gebäude an die Handwerker. In der Stendaler Weberstraße wohnten und arbeiteten die Tuchmacher, im Gerberhof wurde gegerbt.

Wie bei den Gilden basierte die Arbeit der Innungen auf Gesetzen und Statuten. Sie wurden vom Rat vergeben. Unter anderem wurden Maße, Preise und die Qualität der Produkte geregelt. In den Innungen schlossen sich Meister, Gesellen und Lehrlinge eines oder mehrerer Gewerke zusammen. Wie die Gilden hatten die Innungen außer dem wirtschaftlichen und politischen auch einen sozialen Zweck. So wurden Unterstützerkassen eingerichtet, um in Not geratenen Mitgliedern über einen finanziellen Engpass hinwegzuhelfen.

Das Motto damals war: Die Ehre des Einzelnen geht in der Ehre der Genossenschaft auf. Schon die Bezeichnungen Brüder und Schwestern deuten darauf hin, dass die Gilden und Innungen den Charakter der früheren Sippen annahmen, dass aus der einstigen Bluts- nun eine Herzensverwandtschaft geworden war. Der Zusammenhalt war familienähnlich.

Wie bei den Gilden hatten es auch bei den Innungen die Söhne von Mitgliedern leichter bei der Aufnahme. Sie mussten einen geringeren Eintritt bezahlen. Leicht hatten es zudem jene, die die Tochter oder Witwe eines Handwerksmeister ehelichten.

Das größte Fest der Innungen und Gilden fand immer zu Ehren des jeweiligen Schutzpatrons statt. Gefeiert wurde im Gilde- oder Innungshaus. Das der Gewandschneider war meist das Rathaus. Während im unteren Bereich die Geschäfte abgewickelt wurden, gab es im oberen die Ratsstuben und den Festsaal für Versammlungen.

Wenn gefeiert wurde, dann aber richtig. Aus Salzwedel ist ein Gildefest der Gewandschneider der Altstadt überliefert, das zu Ehren ihres Schutzheiligen ausgerichtet wurde. Alle Gildemitglieder, ihre Kinder, sämtliche Bürgermeister der Altstadt, der regierende Bürgermeister der Neustadt, hohe geistliche Würdenträger, der Hauptmann der Burg und viele andere Gäste versammelten sich. Am ersten Tag wurden Kontakte gepflegt, an den nächsten Tagen wurde der neue Gildemeister gewählt, wurde getanzt und wie immer bei solchen Festen viel gegessen. Auf den Mittagstisch kamen Rindfleisch in großen Stücken mit Senf, Schaffleisch mit Rüben, Weinmus und gebratene Hühner. Zum Abendessen wurde Rindfleisch in kleinen Stücken mit Senf, Stockfisch mit Rosinen oder Butter, junge gebratene Hühner und Schaffleisch mit Rüben serviert.

In den mittelalterlichen Hansestädten gab es zu jener Zeit auch Brüderschaften. Sie ähnelten den Gilden und bekamen ihre Statuten ebenfalls vom Rat, aber die Mitglieder waren nicht durch gemeinsame wirtschaftliche Interessen verbunden. Ihnen ging es um Geselligkeit, aber auch religiöse und soziale Bedürfnisse sollten befriedigt werden, unter anderem durch das Spenden für Arme und das Bezahlen von Totenmessen. Die Brüderschaften waren meist Kirchen oder Kapellen angegliedert. Verheiratete Männer und Frauen konnten ebenso Mitglied werden wie Jungfrauen und Jünglinge. Für Stendal werden in den Chroniken die Nikolai-Brüderschaft, die Brüderschaft Vicarien am Dom, die Fronleichnamsgilde, die Marien-Brüderschaft, die St. Peters-Brüderschaft, die Elenden-Gilde, die Jacobs-Brüderschaft und die St. Sebastians-Brüderschaft genannt. In Stendal, wo die Gilden und Innungen übermächtig agierten, blieben die Brüderschaften recht unbedeutend. Eine höhere Stellung sollen sie aber in Salzwedel erlangt haben. In Werben gab es die St. Johannes-Brüderschaft und die Brüderschaft des Heiligen Kreuzes.
Eine erwähnenswerte Brüderschaft gab es auch in Seehausen, den Kaland. Die Kalandsbrüderschaft wurde 1345 erstmals erwähnt, sie soll aber schon früher aktiv gewesen sein. Sie war ein Zusammenschluss von geistlichen und wohlhabenden Brüdern, die durch Spenden ihre Seelen aus dem Fegefeuer befreien wollten. Mit der Zeit kam der religiöse Vorsatz aber abhanden, im Kalandsgebäude wurde stattdessen ausgiebig getrunken und gegessen. Ähnlich caritativ tätig wie anfangs die Kalandsbrüderschaften, die es in mehreren Städten gab, waren die Elendsgilden. Sie kümmerten sich um Arme, Fremde, Pilger und Heimatlose, organisierten für sie „ehrliche" Bestattungen und Seelenmessen.

Ende des 15. Jahrhunderts tauchte in Stendal eine Kaufmanns-Compagnie auf, 1479 bekam sie vom Rat ihre Statuten. Ihr einziger Zweck war die Geselligkeit. Darum richteten sich die Mitglieder eine Trinkstube ein. Nur dort durfte das angekaufte Bier an Mitglieder der Gesellschaft ausgeschenkt werden. Als Gäste durften sogar Auswärtige eingeführt werden. In den ersten acht Tagen mussten sie ihr Bier selbst zahlen, danach derjenige, der sie eingeführt hatte. Das getrunkene Bier wurde zweimal am Tag abgerechnet, nachmittags um vier und abends um neun. Damit sollte Streit über zu viel berechnetes Bier vermieden werden. Das Lokal stand nur wohlhabenden Bürgern offen, doch wegen der Verstöße gegen die Verordnungen schloss der Rat bald die Trinkstube. 1493 wurde sie wiedereröffnet. Verboten waren nun aber das Sitzen auf der Straße vor dem Haus, das Singen unziemlicher Lieder, wildes Schreien, Kreischen, Poltern und Rufen.

Innungsbrief der Stendaler Wollweber vom 12. November 1251 mit großem Stadtsiegel (Stadtarchiv Stendal)

nächste Seite: Blick auf den Westwall in Stendal und den Dom

Spenden für das Seelenheil

Die Bürger, ihre Kirchen und ihre Religiosität

Mit dem nötigen Geld im Rücken, traten die Städte in der Hansezeit immer selbstbewusster auf. Sie wollten sagen, wo es langgeht. Die Bürger wollten unabhängig von anderen ihre Stadt gestalten. Auch in der Bildungspolitik. Und so gründeten Stendaler Bürger im Jahr 1338 eine städtische Schule am heutigen Winckelmannplatz/Ecke Priesterstraße. Sehr zum Ärger der Domherren, die ja eine eigene Schule unterhielten. Der Streit spitzte sich derart zu, dass die Mitglieder des Rates und die Gilde- und Innungsmeister aus der kirchlichen Gemeinschaft ausgeschlossen wurden. Der Bann währte vier Jahre, bis endlich eine gütliche Einigung erzielt werden konnte. Die Bürger hatten sich am Ende durchgesetzt, sie schenkten dem Domstift in Groß Schwechten einen Ackerhof.

Doch schon zwei Jahre zuvor, also 1340, hatten sie mit einem anderen Projekt begonnen, das zum Symbol ihrer Freiheit und Unabhängigkeit von der Geistlichkeit werden sollte, zum Spiegelbild der Rivalität zwischen Klerus und Bürgertum: dem Umbau der Marienkirche zur prächtigen Rats- und Kaufmannskirche. Begonnen worden war mit dem Westteil der Kirche, der spätgotischen Doppelturmfassade. Die Stendaler Bürger, federführend die Gilden, schufen sich ein beeindruckendes Gegenstück zum Stendaler Dom. Es diente neben der religiösen Gesinnung der Repräsentation. Die Stendaler konnten es sich leisten, ihre Stadt war zu jener Zeit die reichste in der gesamten Mark Brandenburg.

Erstmals erwähnt wurde St. Marien zu Stendal im Jahr 1283. Knapp 60 Jahre später wurde der Neubau nach Lüneburger und Magdeburger Vorbild begonnen, um 1430 begann der Bau der Hallenkirche. Im August 1447 wurde St. Marien geweiht, wie die Inschrift im Gewölbe verrät.

Doch nicht nur mit dem beeindruckenden Bauwerk allein haben die Gilden ihren Wohlstand demonstrieren wollen, sondern auch mit einer reichen Ausstattung. Davon zeugen der prächtige doppelflügelige Schnitzaltar mit der Strahlenkranzmadonna (1471), die große Bronzetaufe (1474), die Astronomische Uhr, Lettner und Chorgestühl, Wandmalereien und besonders die Großglocken „Maria" und „Faule Anna" aus dem Jahre 1490. Sie gehören heute zu den kostbarsten Kirchenglocken Europas. Die Stendaler ließen sich das Geläut etwas kosten und beauftragten den berühmten niederländischen Glockenbauer Gerdt van Wou, den wohl bedeutendsten Meister seines Faches in Europa. Seinen Meisterhänden ist auch die Gloriosa im Erfurter Dom zu verdanken. Van Wou hatte sich zudem einen Namen als Kanonengießer gemacht, so dass er nur mit Begleitschutz durch die Lande reisen konnte. Die Glocken wurden übrigens nicht nur zum Gottesdienst geläutet, sondern erfüllten auch Aufgaben im städtischen Leben. Sie läuteten auch, wenn die Stadt in Gefahr war, zum Beispiel bei Feuer und Hochwasser, oder sie zeigten den Beginn von Ratssitzungen an.

Noch heute landen manche Besucher bei ihrer Suche nach dem Dom an der Marienkirche. Nur ein Zufall? Vielleicht nicht, denn wie als Legende überliefert, ist der Dom von den Bürgern nie als ihre Kirche angenommen worden. Stattdessen waren sie bemüht, eine noch schönere

links: Blick in den Stendaler Dom St. Nikolai zum Hohen Chor. Beeindruckend sind die mittelalterlichen Glasmalfenster aus dem 15. Jahrhundert, die als die umfangreichsten nördlich der Alpen gelten.

rechts: Strahlenkranzmadonna aus dem Altar der Stendaler Marienkirche (1471)

Chorgestühl der Marienkirche in Salzwedel (1360)

links: Zu den Sehenswürdigkeiten in der Stendaler Marienkirche gehört die funktionstüchtige mittelalterliche Astronomische Uhr, eine der letzten in Norddeutschland erhaltenen. Das drei mal drei Meter große Ziffernblatt ist in 24 Stunden unterteilt. Es zeigt zudem die zwölf Tierkreiszeichen als Symbol der zwölf Monate.

und noch größere Kirche zu bauen – und tatsächlich sind die Türme von St. Marien um einige Meter höher als die des Stendaler Doms. Das haben Messungen im Jahr 2001 bestätigt.

Wenn vom Dom gesprochen wird, dann ist das allerdings nicht ganz richtig. Denn Stendal ist nie Bischofssitz gewesen. 1188 hatten die Askanier Graf Heinrich von Gardelegen und sein Bruder Otto II., Markgraf von Brandenburg, in Stendal ein Augustinechorstift angesiedelt, das vom Papst urkundlich bestätigt wurde. Vermutlich wollten die Grafen in Stendal ein Bistum gründen, um die Macht der Halberstädter Bischöfe einzuschränken. Aus dem Chorstift hätte in einem Bistum Stendal ein Domstift werden sollen. Doch daraus wurde nichts, vielleicht wegen des frühen Todes von Heinrich von Gardelegen. Geblieben ist der Name Dom. Zu den Schätzen gehören die mittelalterlichen Glasmalfenster aus dem 15. Jahrhundert, die als die umfangreichsten nördlich der Alpen gelten, zahlreiche Grabdenkmäler und das Chorgestühl aus der Bauzeit.

Erwähnt werden sollten an dieser Stelle auch die Kirchen St. Jacobi (das ältestes Gotteshaus der Stadt) und St. Petri sowie die ehemalige Klosterkirche St. Annen, die ebenfalls zum mittelalterlichen Stadtbild Stendals gehört haben und vom Reichtum der Bürger profitierten. In der Jacobikirche sind es besonders die mittelalterlichen Glasmalereifenster und das vierteilige geschnitzte Chorgestühl von 1420/30, die zu den Sehenswürdigkeiten gehören.

Stendal ist aber nicht die einzige altmärkische Hansestadt, die in ihren Mauern eine Marienkirche beheimatet. Salzwedels Silhouette wird von St. Marien mit ihrem leicht gekrümmten Turm geprägt. Zu den Schätzen in der früheren Hauptpfarrkirche der Altstadt, der heute ältesten Kirche Salzwedels, gehört ein sechs Meter hoher und acht Meter breiter Schnitzaltar mit insgesamt 30 Reliefs und 22 Plastiken sowie einer Strahlenkranzmadonna. Er wurde im Jahr 1510 im Chorraum aufgestellt und ist der größte Altar in der Altmark. Sehenswert ist zudem das Chorgestühl aus der Zeit um 1360.

Die dritte Marienkirche im altmärkischen Hansebund steht in Gardelegen. Im frühen 14. Jahrhundert wurde sie an der Stelle neu gebaut, wo es seit 1200 ein Gotteshaus gab. Auch der Gardeleger Marienkirche, seit der Reformation Hauptkirche der Stadt, wurden von den reichen Bürgern teure Geschenke gemacht. Große Teile der Kirche fielen im 17. Jahrhundert einem Stadtbrand zum Opfer. Zuvor war aber schon der damalige Turm eingestürzt. Heute gehören der Hochaltar aus dem 14. Jahrhundert, der Marienaltar, um 1430 entstanden, und der Andreas-Altar aus dem 15. Jahrhundert zu den sehenswerten Stücken der Innenausstattung. Zweite Kirche in Gardelegen ist die Nikolaikirche, geweiht den Kaufleuten und Schiffern. Sie war anfangs die

Wie ein Kelch geformtes Bronzetaufbecken (1442) in der Osterburger Nikolaikirche

rechts: Die Marienkirche in Salzwedel war einst die Hauptpfarrkirche der Altstadt. Der leicht gekrümmte Turm ist heute ihr Markenzeichen. Ihr Bau wurde im 12. Jahrhundert begonnen. Bis zum 15. Jahrhundert wurde sie zur fünfschiffigen Backsteinbasilika umgebaut.

Zwei der Glocken von St. Marien zu Stendal, hier im Bild die „Maria", wurden 1490 von dem bedeutendsten Glockengießer der Hansezeit Meister Gerdt van Wou aus Kampen gegossen. Dieser war nachweislich nur für Hansestädte tätig. Die „Maria" ist nach der Gloriosa in Erfurt die zweitgrößte Glocke Deutschlands.

Hauptkirche der Stadt und wurde erstmals 1309 als Pfarrkirche genannt. Um 1300 ist der gotische Um- und Anbau begonnen worden, bis zur Mitte des 15. Jahrhunderts dauerte der Bau des gotischen Mittelschiffes. Der neue Turmaufbau entstand um 1500. Aus der im Zweiten Weltkrieg stark beschädigten Nikolaikirche sind heute in der Marienkirche die Bronzetaufe (1466) und ein Marienaltar (gegen 1440) zu sehen.

Nicht nur in den altmärkischen Hansestädten haben die Bürger ihre Macht und ihren Wohlstand durch eindrucksvolle Kirchenbauten dokumentiert. Bestes Beispiel ist die Lübecker Marienkirche, die als Mutterkirche der norddeutschen Backsteingotik gilt. Genau wie die altmärkischen Marienkirchen wurde sie dort gebaut, wo die Kaufleute gelebt und gearbeitet haben, meist in Nähe des Marktes und des Rathauses. Anlass für den imposanten Bau war auch in Lübeck, darum „Bürgerkathedrale" genannt, ein Streit zwischen der Kirche und den Kaufleuten.

An dieser Stelle sei erwähnt, dass es zwischen den selbstbewusster werdenden Bürgern und dem Klerus fast immer Konflikte gegeben hat. Denn die Bürger wollten zunehmend Einfluss auf Schulen, Hospitäler, die Pflege der Armen und selbst auf die Besetzung der Priesterstellen nehmen. Problematisch war das Zusammenleben auch, weil die Geistlichen nicht von der städtischen Gerichtsbarkeit angegriffen werden konnten. Wie eingangs beschrieben, sprach die Kirche gern den Bann aus. Bekannt ist dies für Havelberg im Jahr 1429. Das Domkapitel erklärte Kirchen, Kirchhöfe und Kapellen in der Stadt für entweiht und verbot

Der Tuchmacheraltar aus Stendal, geschaffen um 1520, stellt biblische Motive dar (Altmärkisches Museum Stendal).

rechts: Die reichen Kaufleute in Stendal haben für eine ebenso reiche Ausstattung ihrer Rats- und Stadtkirche St. Marien gesorgt. Ein Beispiel dafür ist der Lettner, aus Richtung Kirchenschiff gesehen. Über dem Chorgitter befinden sich drei spätgotische Kielbögen, die ein Triumpfkreuz (1380/90) tragen.

kirchliche Handlungen. Oft kamen die Kurfürsten dann persönlich als Streitschlichter in die Stadt. Gestritten wurde in Havelberg unter anderem über Fischereirechte, Lehmgewinnung oder Holzungsrechte.
Dennoch haben während der Hansezeit die Kirchen in fast allen altmärkischen Hansestädten vom Wohlstand ihrer Bürger profitiert, sie wurden umgebaut und erweitert. Darum sind viele sakrale Backsteinbauten in ihrem Kern romanisch und gotisch. In allen Schichten gab es ein Engagement für die Kirchen, denn dem mittelalterlichen Menschen war der Sakralbau oft wichtiger als das eigene Haus. Die Priester waren angesehen, auf die gläubigen Menschen hatten sie großen Einfluss.
Die Gilden übernahmen das Patronat über Altäre, bezahlten Priester für das Lesen der Messen oder stifteten beachtliche Summen als Vorsorge für ihr Seelenheil nach dem Tod. Ein Großteil der Kunstschätze damaliger Zeit sind kirchliche Objekte wie Kelche, Antependien, teure Glasmalereien, Skulpturen wie Strahlenkranzmadonnen, Heiligendarstellungen und die wunderschönen Altäre. Die Werbener ließen sich Ende des 15. Jahrhunderts für ihre Stadtkirche St. Johannis das Taufbecken von Hermann Bonstede aus Hamburg anfertigen, ebenso Altar und

Leuchter. Für den Annen-Altar-Schrein in der Taufkapelle konnte ebenfalls ein Hamburger Künstler geworben werden: Helmeke Borstel, der den Schrein 1513/14 schuf. Es sollen die guten Kontakte zwischen beiden Hansestädten gewesen sein, durch die der Hamburger nach Werben kam. In der Kirche St. Nikolai

links: Blick in den Hohen Chor der Salzwedeler Katharinenkirche. Sehenswert sind die drei Chorschlussfenster. Der älteste Teil der Glasmalereien soll aus dem 15. Jahrhundert stammen. Ursprünglich gab es fünf Buntglasfenster, bei der Restaurierung im 19. Jahrhundert konnten nur drei gerettet werden.

rechts: Die Baugeschichte der Johanniskirche in Werben reicht bis ins 12. Jahrhundert zurück. Bis zum 15. Jahrhundert wurde der Bau in mehreren Abschnitten erweitert. Vermutlich war wie schon am Elbtor Stephan Buxtehude am Bau beteiligt.

Der dreiflügelige „Einhornaltar“ gehört zu den Schmuckstücken in der Salzwedeler Katharinenkirche. Er wurde im Jahr 1474 von einem unbekannten Meister geschaffen. Er zeigt das seltene Motiv einer Verbindung zwischen Maria und dem Einhorn sowie Bibelszenen um Christi Geburt und Teile der „Weihnachtsgeschichte“.

Schmuckstück unter den altmärkischen Altären steht heute im Danneil-Museum in Salzwedel: der Weinbergaltar. Er wird Lucas Cranach dem Jüngeren zugeschrieben und ist auf das Jahr 1582 datiert. Er hat ursprünglich in der Mönchskirche, einer Franziskaner-Klosterkirche, gestanden.
Nicht nur die Kirchen und ihre Einrichtungen profitierten von der reichen Bürgerschaft und von der wachsenden Bevölkerung, sondern auch der Klerus selbst. Denn er bekam den Kirchenzehnt, nicht selten in Form von Naturalien. Wie gut es den Geistlichen ging, zeigt die „Kluhs" in Salzwedel, eine ehemalige Zehntscheune aus dem 15./16. Jahrhundert. An den Haupt- und Nebenaltären der Salzwedeler Kirchen versahen vor der Reformation so viele Priester ihren Dienst, dass es einer Überlieferung nach neun solcher Zehntscheunen zur Lagerung der Abgaben an den Klerus gegeben haben soll.
Abschließend sei erwähnt, dass es in den Städten ein reges Klosterleben gab. Die Mönchskirche in Salzwedel, die Katharinenkirche in Stendal mit dem angrenzenden Altmärkischen Museum, die Ruine des Dominikanerklosters in Tangermünde, das Refektorium eines Franziskanerklosters in Stendal (heute Bibliothek) und die Stendaler Annenkirche sind einige Beweise dafür, aber auch Namen wie der Mönchskirchhof in Stendal erinnern an diese Zeit.

in Osterburg gehört das wie ein Pokal geformte Bronzetaufbecken aus dem Jahr 1442 zu den Schmuckstücken. Zweifellos gehört auch die Stephanskirche in Tangermünde zu den bedeutenden sakralen Bauwerken der Altmark. Auf jeden Fall gilt sie mit gut 87 Metern als die mit dem höchsten Turm in der Altmark. Markgräfin Agnes förderte die Stephanskirche durch kostbare Altarstiftungen.
Das romanische Portal (um 1230) und der spätgotische Schnitzaltar sind in der Seehäuser Stadtkirche St. Petri sehenswert. In Havelberg lohnt sich ein Besuch in der Stadtpfarrkirche St. Laurentius.
Zu den Schätzen der Pfarrkirche der Salzwedeler Neustadt, der Katharinenkirche, gehören die Bronzetaufe aus dem Jahr 1421, geschaffen von Meister Ludwig Gropengeter aus Braunschweig, und der „Einhornaltar" eines unbekannten Meisters. Der dreiflügelige Altar stammt aus dem Jahr 1474. Ein

links: Blick aus dem Chorraum der Stendaler Marienkirche zur berühmten Scherer-Orgel

Gotischer Abendmahlskelch (Anfang 16. Jahrhundert) aus der Stendaler Marienkirche, Silber feuervergoldet (Altmärkisches Museum Stendal)

rechts: Die Nikolaikirche in Osterburg entstand Ende des 12. Jahrhunderts. Im 15. Jahrhundert wurde sie zur dreischiffigen gotischen Hallenkirche umgebaut.

Das soziale Gewissen

Hospitäler, Ärzte und Apotheken

Krankenhäuser, Fachärzte, Rettungsdienst – all das gab es im Mittelalter nicht. Zumindest nicht so, wie wir es heute kennen. Und doch gab es eine ausgeprägte soziale Verantwortung für die Mitmenschen. Die Hospitäler und Siechenhäuser, wie es sie vor einigen hundert Jahren gab, dürfen darum mit Recht als Urahnen heutiger Einrichtungen angesehen werden. Ihr Leitmotiv war Barmherzigkeit für die Kranken und Armen, für die Reisenden und für die Toten, aber auch für die Obdachlosen in den Städten. Für die Bedürftigen war ein Hospital meist auch eine Kleiderkammer.

Willkommen im Beguinenhaus in Havelberg. Die Kapelle des früheren Siechenhauses gilt heute als das älteste Gebäude auf der Stadtinsel, gebaut wurde es Ende des 14. Jahrhunderts vor dem damals noch stehenden Sandauer Tor. Für das Jahr 1390 ist die Stiftung eines Altars durch Dietrich Kremer und seine Ehefrau Elisabeth bekannt. Kremer gehörte vermutlich zur Gewandschneidergilde, die zusammen mit dem Probst und dem Havelberger Rat das Patronat über die Kapelle hatte. Seit 1340 war die aus Belgien stammende religiöse Gemeinschaft auf der Stadtinsel ansässig. Die Beguinen, auch Beginen, Seelweiber oder Seelnonnen genannt, verdankten ihrem Namen ihrer Kopfbedeckung. Denn Beguin bedeutet nichts anderes als weiße Haube. Zu den Beguinen gehörten Witwen und Töchter von Handwerkern und Kaufleuten. Sie kümmerten sich um die Pflege von Kranken. Auch zum Einkleiden der Toten auf der Stadtinsel wurden die Beguinen von den Havelbergern geholt. Die Frauen aus bürgerlichen Familien mussten kein Gelöbnis ablegen, dennoch führten sie ein gottgefälliges Leben nach den Regeln der katholischen Kirche. Doch Gottgefälligkeit allein deckte auch damals schon nicht die laufenden Kosten. Und so gab es Geld von der Stadt und den umliegenden Orten. Um 1520 beispielsweise waren die Einwohner aus Havelberg, Pritzwalk, Sandau, Wulkau, Bendlin und Jederitz zum Unterhalt des Hospitals verpflichtet.

Im mittelalterlichen Havelberg gab es noch weitere Hospitäler, das St. Georgenhospital sowie das Gertrauden- und Annenhospital. Besonders das St. Annen-Hospital an der Straße nach Wilsnack wird immer gut von betuchten Kaufleuten besucht gewesen sein. Als Pilger zum „Heiligen Blut" in Wilsnack machten sie dort oft Rast und ließen ihre Wunden behandeln, sammelten Kräfte für den Rest der Strecke. Heute steht noch die achteckige Hospitalkapelle St. Anna, die vermutlich aus dem 15. Jahrhundert stammt.
In der gesamten Altmark gab es Hospitäler, allein sieben davon waren es in Stendal. Benannt wurden sie nach Schutzheiligen, die zu damaliger Zeit eine große Bedeutung hatten. Das Große Hospital zum Heiligen Geist, zwischen 1208 und 1255 begründet, lag nahe des Tangermünder Tores. Vor dem Uenglinger Tor fanden Kranke Aufnahme im Hospital St. Gertraud. 1370 wurde es von Nikolaus von Bismarck sowie den Brüdern Johann und Burchard Sweder gegründet. Gepflegt wurden dort kranke Dienstboten, Pilger und Reisende. Der schlichte Backsteinbau mit angeschlossener Kapelle ist noch erhalten. Gegenüber, auf dem Gebiet des heutigen Friedhofs, stand das St. Georgs-Hospital. Es wurde um 1290 erstmals erwähnt, vermutlich aber früher gegründet. Wie fast alle Hospitäler, die den Namen des heiligen Drachentöters trugen, wurden dort die Aussätzigen aufgenommen. Weil die Heilkunst der Krankheit Lepra machtlos gegenüberstand, war für die Aussätzigen nur Platz außerhalb der Stadtmauern. Um jeden Preis sollte eine Ansteckung verhindert werden. Aus diesem Hospital ist eine Darstellung St. Georgs aus Eichholz

links: Vom ehemaligen Annenhospital in Havelberg steht heute noch die achteckige Kapelle St. Anna. Sie wurde vermutlich im 15. Jahrhundert erbaut. Kapelle und Kloster lagen an der Straße nach Wilsnack, wohin viele Gläubige pilgerten. Im Hospital in Havelberg konnten sie sich erholen, dort wurden auch Wunden versorgt.

rechts: Heiliger Georg als Drachentöter (um 1380, Eichholz, Altmärkisches Museum Stendal). Die Figur soll aus dem ehemaligen Hospital St. Georg in Stendal stammen, das gegenüber dem Uenglinger Tor vor der Stadtmauer lag. In den Hospitälern, die dem Schutzheiligen Georg geweiht waren, wurden die Aussätzigen gepflegt und behandelt.

erhalten, die um 1360 entstanden sein soll.
In Stendal soll es Hospitäler außerdem in der Brüderstraße, Weberstraße, in der Marienkirchstraße und am Sperlingsberg gegeben haben. Letzteres war nebst einer Kirche der Heiligen Elisabeth geweiht. Die Eröffnung des Gebäudes auf dem freien Platz vor dem Schadewachten wird mit dem Jahr 1464 angegeben. Erhalten ist heute noch ein Sandsteinrelief, das die Heilige Elisabeth zeigt und das an eine Außenmauer der Kapelle gemauert gewesen sein soll.
Auch in Gardelegen lag das St. Georgs-Hospital vor den Toren der Stadt. 1362 wurde die kleine Kapelle unter dem Namen Maria Magdalena erstmals erwähnt, fünf Jahre später wurde in einer Akte Gerhard von Engersbu als Gründer genannt. Die Kapelle steht noch immer vor dem Salzwedeler Tor. Ein zweites Hospital war das St. Spiritus, auch Großes Hospital genannt. Schon um 1300 soll es von Gardeleger Adligen zur Aufnahme von zehn alten und hilfsbedürftigen Bürgern errichtet worden sein. Im Jahr 1315 wurde das Hospital mit einer Schenkung ausgestattet. Auch dieses Gebäude gibt es heute noch.
In Seehausen hat es drei Hospitäler gegeben: St. Georg als Aussätzigenasyl, St. Gertrud für die Elenden und Obdachlosen und das Heilig-Geist-Hospital, das vermutlich zum Beginn des 14. Jahrhunderts erbaut wurde. Noch heute steht die um 1460 errichtete ehemalige Kapelle St. Spiritus. Sie wird Salzkirche genannt, weil sie wie andernorts später als Speicher genutzt wurde. Dieses Umfunktionieren war damals nicht unüblich, denn die starken Mauern boten Schutz vor Nässe und auch Dieben. Auch wenn es keinen genauen zeitlichen Beleg gibt, so soll auch Seehausen ein Beguinenhaus gehabt haben. Es wurde vermutlich im 14. Jahrhundert gegründet und soll von einer Meisterin und einem Geistlichen geleitet worden sein.
Auf das Vorhandensein von Hospitälern in Tangermünde deutet die heutige Salzkirche hin. Im 13. Jahrhundert gegründet, aber im wesentlichen im 15. Jahrhundert umgebaut, war die Kirche von Anfang an als St. Elisabethkapelle mit einem Hospital verbunden.
In der Salzwedeler Altstadt wurden Pilger im Getraudenhospital betreut, das um 1400 erbaut wurde. Städtische Kranke und Arme fanden dort kaum oder keine Aufnahme. Vielmehr wurden die Pilger betreut, die auf dem Weg zum „Heiligen Blut" nach Wilsnack waren. Heute existiert noch die um 1460 gebaute Getraudenkapelle. Schon ab 1241 soll es

Die Martinskapelle in Osterburg wurde im 9./10. Jahrhundert erbaut und stand im Zentrum der ersten Siedlung, deren Kirche sie vermutlich war. Ihr jetziges Aussehen bekam die heutige Friedhofskapelle im 12. Jahrhundert.

Im Jahr 1464 wurde in Stendal ein Elisabeth-Hospital eingeweiht. Ein Sandsteinrelief, das die Heilige Elisabeth zeigt, wurde an der Außenmauer angebracht.

ein Hospital zum Heiligen Geist in der Stadt gegeben haben. Erwähnt wird zudem ein Elisabeth-Hospital, das im Jahr 1427 errichtet worden sein soll.
Insgesamt drei Hospitäler gab es in Werben. Vor den Toren ein Georgs-Hospital, innerhalb das Hospital zum Heiligen Geist – mit der Salzkirche ist die ehemalige Kapelle erhalten – und das Hospital St. Gertrud. Letzteres wurde 1424 errichtet. Der mildtätige Herrenmeister des Johanniterordens, Busso von Alvensleben, gab 129 Silbermark, die Ratsherren der Stadt Werben den Grund und Boden. Die Stadt übernahm auch die Bauarbeiten. An der Spitze standen als Vorsteher ein Ordensbruder der mächtigen Johanniter-Komturei und ein Ratsherr. Gemeinsam verwalteten sie das Geld des Hospitals und die Almosen. Gönner gab es genug.
Der Armenpflege in Werben hatte sich auch das Johanniterstift angenommen. Für den Johanniter-Orden war Werben im Mittelalter ein bedeutender Standort, dort wurde im 12. Jahrhundert eine Komturei eingerichtet – die als erste in Norddeutschland gilt. Der dort ansässige Komtur war das Ordensoberhaupt für ein großes Gebiet, das die Mark Brandenburg, das Wendland, Sachsen und Pommern einschloss. Das blieb so bis 1426, als Sonnenburg Sitz des Herrenmeisters wurde. Von der Komturei aus wurde der Ordensbesitz verwaltet, die Komture besaßen für die Besitzungen Rechte wie ein Gutsherr. Zudem hatte der Komtur die Patronatsrechte über die Kirchen, die der Komturei angegliedert waren. Für seine Amtsgeschäfte hatte der Komtur einen Konvent mit sechs bis sieben Ordensbrüdern, die im Stand eines Priesters waren. Ausgerichtet war die Komturei eher mönchisch als ritterlich. Mit den Jahrzehnten mehrte sich der Besitz der Komturei. Geld verdient haben sollen die Ordensbrüder nicht nur mit dem Lesen von Messen, sondern auch durch den Handel mit Ablässen. Wallfahrer konnten einen 40 Tage währenden Ablass kaufen in Form eines Zeichens, das sie an der Kleidung oder am Hut befestigten. Allerdings wurde nicht von einem Kaufpreis gesprochen, sondern von einer Spende an die Johanniter, wobei der Geber die Höhe selbst bestimmen konnte. Soweit dieser kurze Ausflug in die Geschichte der Werbener Komturei.

Durch Spenden, jährliche Renten, Erbschaften und Schenkungen haben sich viele schon zu Lebzeiten ihr Seelenheil im Paradies erkauft. In ihrer Religiosität gaben die Menschen gern, öffneten ihre Geldkatzen für die Armen. Einige vermögende Adlige und Bürger gründeten Stiftungen und bestimmten, dass von den Einnahmen Nahrung und Kleidung für die Armen gekauft werden sollte. Viele gedachten ihrer Verstorbenen nicht nur mit einer Messe, sondern auch mit einer Gabe an die Bedürftigen. Wieder andere ließen jedem Armen an einem bestimmten Tag aus ihrer Hinterlassenschaft einen Pfennig auszahlen, bis die Summe aufgebraucht war. Es ist also nicht verwunderlich, dass zu vielen Hospitälern Kapellen gehörten, damit dort die Messen gelesen werden konnten. In direkter Umgebung wurde meist auch ein Friedhof angelegt.
Ein Beispiel für die Mildtätigkeit ist Elisabeth

Schwurkästchen des Johanniterordens aus dem 16. Jahrhundert aus der Stadt Werben (Altmärkisches Museum Stendal). Im Mittelalter waren Rechtshandlungen, auch die Amtseinführung von Ratsherren und Schöppen, mit Eidesleistungen verbunden.

Die Salzkirche in Werben war ursprünglich die Kapelle St. Spiritus, die zu einem Hospital gleichen Namens gehörte. Erbaut wurde sie 1313 von Johanniter-Ordensrittern. Ihren Namen Salzkirche bekam sie später, als sie als Getreidelager und Salzhaus genutzt wurde.

Stöterogge aus Lüneburg, die vermutlich aus Salzwedel stammte. 1384 kaufte sie vom Augustinerkloster zum Heiligen Geist in Salzwedel in einem Vorort mehrere Häuser. Zu Ehren der Heiligen Anna richtete sie ein Jungfrauenstift ein, in dem sechs arme Frauen frei leben durften, ohne ein Klostergelübde ablegen zu müssen. Doch weil es immer wieder zu Problemen mit den Chorherren in der Nachbarschaft kam, mussten die Jungfrauen 1487 ausziehen, ein Jahr später bezogen sie an der Nicolaikirche ihr neues Zuhause.

Auch wenn die Kranken und Alten in Hospitälern und Siechenhäusern betreut wurden, sah es mit der medizinischen Versorgung zur Hansezeit noch nicht so rosig aus. Bader, Barbiere, weise Frauen und andere Heilkünstler gab es zwar, aber nicht jeder war vertrauenswürdig. Ende des 14. Jahrhunderts soll es in Stendal sieben bis acht Barbiere gegeben haben, deren medizinische Ausbildung wohl sehr gering gewesen sein dürfte. Die Stendaler hatten einen Physikus, doch der war lange weit und breit der Einzige seines Faches. Anfangs waren es Geistliche mit Doktortitel, die in der Altmark praktizierten. Magister Peter von Tangermünde ist als Stendaler Arzt aus dem beginnenden 14. Jahrhundert bekannt, genannt wird auch Gottschalk Röxe, Dompriester und Magister in medicus. Ab 1409 soll Dr. Nikolaus Welzin, ein Stendaler Domprobst, Arzt in der Stadt gewesen sein. Als Nachfolger nennen die Chronisten den Domherren Dr. Gerhard Furkbolt, den Geistlichen Mester Dominus Fredderick Kreckhove, Magister Albert von Luecen und Magister Johann Sweder. Für Seehausen wird im Jahr 1467 in einem Gerichtsbuch ein Meister Hans Drohst als Arzt genannt. Zu dieser Zeit soll es auch in Salzwedel einen Mediziner gegeben haben, der zugleich eine Apotheke betrieb. Die Städte, die keinen eigenen Mediziner, oft Chirurg genannt, hatten, beteiligten sich an der Bezahlung des Stendaler Arztes.

Neben der Pest und der Lepra gehörten das Antoniusfeuer, die Cholera, das Fleckfieber als typische Kriegskrankheit und die Ruhr zu den verbreiteten Krankheiten im Mittelalter. Das Antoniusfeuer, eine seuchenartig verlaufende Krankheit, wurde durch ein Gift in der Roggenähre ausgelöst, das die Nerven befiel. Krankheiten im Mittelalter waren meist auch eine Glaubensfrage. Viele sahen darin eine Strafe für begangene Sünden und setzten ihr Vertrauen mehr auf Gebete als auf eine ordentliche Behandlung. Sie legten das Schicksal des Kranken in Gottes Hand.

Wer ein Mittelchen gegen seine Beschwerden brauchte, bekam es in Tangermünde, Salzwedel und Stendal in Apotheken. Bis ins 16. Jahrhundert hinaus sollen dies die einzigen Apotheken in der Altmark gewesen sein. Für Stendal wird bereits für die Zeit um 1350 ein Apotheker Johann erwähnt. Einige Pillen, Salben und Heiltränke konnten sich sogar die weniger Vermögenden leisten, für die Reichen gab es jedoch spezielle Medizin. Viele setzten auf Hausmittel wie Rhabarbertinktur, Brechpulver und Nervensalbe. Allein gegen die Pest gab es 21 verschiedene Arzneien: für jeden der sieben Tage und für jede der drei Mahlzeiten eine andere. Für alle Krankheiten gab es Mittel und Heilmethoden. Bei Knochenbrüchen wurden in Eiweiß getränkte Leinentücher als eine Art Gips um die Verletzung gelegt. Brandwunden wurden mit einer Salbe behandelt, die durch das Auskochen von Wacholder, ungesalzenem Schweineschmalz und einem Ei hergestellt wurde. Als Desinfektionsmittel wurden zum Beispiel Wein und Rosenöl verwendet. Und bei Schwellungen nach Wespen- oder Bienenstichen wurde es nicht anders gemacht als auch heute noch oft: kaltes Metall auf die Schwellung drücken. In den Apotheken damaliger Zeit wurden aber nicht nur Arzneien verkauft, sondern auch feine Esswaren, Kraftbrühen, Gewürze und Kräuter. Der Apotheker war zugleich Zuckerbäcker.

links: Das Große Hospital in Gardelegen wurde um 1300 von einem Adligen errichtet. Gedacht war es zur Aufnahme von zehn alten und hilfsbedürftigen Bürgern.

rechts: Die Salzkirche in Seehausen stammt aus dem 15. Jahrhundert. Sie war ursprünglich die Kapelle eines Hospitals St. Spiritus. Später wurde sie als Speicher genutzt, daher auch der heutige Name.

nächste Seite: Das Beguinenhaus am Salzmarkt ist das ältestes Gebäude auf der Havelberger Stadtinsel. Dabei handelt es sich um die Kapelle des früheren Siechenhauses. Das Gebäude wurde gegen Ende des 14. Jahrhunderts vor dem damals noch existierenden Sandauer Tor errichtet. Von den Beguinen, Witwen und Töchtern von Handwerkern und Kaufleuten, wurden Kranke und Alte gepflegt.

Restaurant

Beim Stover geht's vergnüglich zu

Das Alltagsleben in der mittelalterlichen Stadt

Das Stadttor ist passiert, die Zölle entrichtet, die Knechte mit Pferden und Wagen zum Ausspann unterwegs. Und der Kaufmann macht sich auf in die Stadt, um nach einer Herberge für die Nacht zu suchen und einem kühlen Trunk für die durstige Kehle.
Wie wird der Reisende diese mittelalterliche Stadt Ende des 15. Jahrhunderts wohl erlebt haben?
Viele der Holzhäuser und Holzkonstruktionen sind verschwunden, die Zahl der Fachwerkhäuser hat zugenommen und auch die der Steinbauten in der Stadt. Nicht selten haben die Bauherren beides kombiniert, also Fachwerk und Steinbauten, zu so genannten Steinwerken. Aber fast alle Gebäude sind noch mit Stroh gedeckt. Ausgestattet sind sie bei den einfachen Bürgern mit schlichten Möbeln, Betten für die Erwachsenen und Schlafbänke für die Kinder, Truhen für die Wäsche und die Kleidung.
Die Stadt zeigt sich ihrem Besucher in einer architektonischen Vielfalt. Es gibt die einfachen Bürgerhäuser, meist ein- oder zweigeschossig, und die reichgeschmückten Patrizierhäuser, das Rathaus und die imposanten Tore, seit dem 13. Jahrhundert gebaut im gotischen Stil. Es entstehen zu dieser Zeit auch schon Reihenhäuser mit separatem Wohnraum, der vermietet wird. Unterkünfte sind in den Städten begehrt, denn immer mehr Menschen verlassen die Dörfer, um in der Stadt ihr Glück zu suchen. „Stadtluft macht frei" ist ihre Devise. Denn wie es Heinrich der Löwe festgelegt hatte, ist jeder leibeigene Bauer frei, der ein Jahr und einen Tag unbehelligt innerhalb der Stadtmauer lebt.
Und der Kaufmann geht weiter durch die engen, meist dunklen Gassen, kommt zum Marktplatz. Es ist Mittwoch und damit Markttag. Händler und Bauern preisen lautstark ihre Waren an, die Käufer feilschen um ein Stück Fleisch oder den Meter Tuch. Bettler und Taschendiebe schleichen durch die Reihen wartender Kunden und schwatzender Mägde. In der einen Ecke hat sich eine Menschenmenge um einen Gaukler versammelt, andere haben ihren Spaß nur zehn Meter weiter. Dort steht eine Frau am Schandpfahl, wird von Kindern und Frauen bespuckt und mit faulem Kraut beworfen. „Hure", schimpfen die einen, „ehebrecherisches Weib" die anderen. Unter der Gerichtslaube hören zwei Dutzend Menschen zu, was der Rat ihnen mitzuteilen hat. Bald, denkt sich unser Besucher, wird die Glocke schlagen und der Markt beendet sein.
Für den Kaufmann wird es Zeit, eine Herberge zu suchen. Doch zuvor will er noch ins Badehaus. In einigen Städten werden sie nach dem plattdeutschen Wort für Stube als Stove oder Stave bezeichnet, im Volksmund heißen die Bader darum Stover oder Staver. Im Badehaus arbeitet oft eine Bademutter, die zugleich Hebamme in der Stadt ist. Eine Eigenart ist, dass die Badehäuser einem Heiligen geweiht sind.
Der Besuch im Badehaus hat zwar etwas mit Vergnügen und Erholung zu tun, aber in erster Linie mit Sauberkeit. Denn die wollene Unterwäsche hält zwar warm, ist hygienisch aber nicht gerade von Vorteil. Und die Menschen fürchten sich vor Krankheiten, besonders vor der Pest. In zahlreichen Badestuben folgt dem Reinigungsbad darum ein reinigendes Schwitzbad. Anfangs gibt

links: Der Bürgermeisterhof in Salzwedel (15./16. Jahrhundert) besticht durch die floralen Schnitzmuster und die Rosetten im Fachwerk. Interessant sind die Fachwerkkonstruktionen. Seinen Namen hat er im 19. Jahrhundert bekommen, weil dort zwei Bürgermeisterfamilien wohnten.

rechts: Kanne mit Kragenrand, 14. Jahrhundert (Burgmuseum Tangermünde)

Das Ritterhaus in Salzwedel besticht durch sein geschnitztes Portal. Seinen Namen bekam es wegen der Ritterfiguren in den Darstellungen. Das Gebäude wurde im 16. Jah. errichtet.

Krug und Trinkbecher aus dem 13./14. Jahrhundert (Altmärkisches Museum Stendal)

Schlüsselanhänger aus dem 13./14. Jahrhundert (Altmärkisches Museum Stendal)

Ausrüstungsgegenstände eines Nachtwächters: Horn und Hellebarde (Altmärkisches Museum Stendal)

es in den Badehäusern keine Geschlechtertrennung, dafür aber Musik, Speisen und Getränke. Besonders der Klerus kämpft für die Abschaffung dieser Vergnügungen – mit Erfolg, im 15. Jahrhundert wird die Trennung in Männer- und Frauenbadehäuser durchgesetzt.

In Stendal soll es Badestuben unter anderem in der Stavenstraße, am Uppstall und an der Ecke Deichstraße/Weberstraße gegeben haben. In Tangermünde existierte eine Badestube in der Rossfurt.

Und wie geht es mit unserem Kaufmann weiter? Er lenkt seine Schritte in ein Wirtshaus, bestellt vielleicht Lammeintopf und danach eine Portion vom gepressten Schweinskopf. Er holt sein Messer heraus. Genau wie den Löffel hat er sein eigenes Messer für die Mahlzeiten immer dabei. Eine Gabel kennt er zwar, aber sie gehört nicht alltäglich auf den Tisch.

Und er denkt vielleicht an das Hirsegemüse, das Hammelfleisch mit Zwiebeln, den Stockfisch mit Öl und Rosinen, die in Wein gedünsteten Bratäpfel oder den gesottenen Aal mit Pfeffer, den seine Köchin der Familie zu besonderen Gelegenheiten oder am Sonntag vorsetzt. Brot, obwohl auf allen Tischen reichlich zu finden, ist schon lange kein Leckerbissen mehr, aber Mus und Brei gehören fast täglich auf den Speiseplan. Selbst in den wohlhabenden Haushalten wird Hafergrütze gegessen. Wer satt werden will, muss viel essen. Die Reichen essen nicht immer besser, aber sie essen meist mehr. Haltbar gemacht werden die Speisen durch Trocknen, Räuchern und Einsalzen.

Die Biersuppe lehnt der Kaufmann dankend ab, den Gerstensaft lässt er sich lieber im Krug servieren. Zumal das Bier im Hause selbst gebraut wird. Also muss der Wirt steuerpflichtig sein und Grundbesitz haben, sonst hätte er wohl kein Braurecht bekommen. Da sind die Herren im Rat sicher in jeder Stadt gleich mit ihren Statuten und Regeln. Für eine kleine Gastwirtschaft wie diese regeln sie sogar die Öffnungszeiten, erlauben oder verbieten das Glücksspiel, legen die Steuern fest. Den nächtlichen Heimgängern ist es sogar verboten, sich mit einer Fackel den Weg zu leuchten, damit kein Brand entsteht.

So entspannt am Tisch sitzend, denkt der Kaufmann vielleicht an seine Familie. Ja, sie ist mein ganzer Stolz. Wenn etwas passiert, kann

Tafel- und Kochgeschirr aus dem 13. bis 16. Jahrhundert (Danneil-Museum Salzwedel)

In der ehemaligen Propstei in Salzwedel ist heute das Johann-Friedrich-Danneil-Museum untergebracht, das sich der Regionalgeschichte widmet. Das heutige Gebäude aus dem 16. Jahrhundert hatte einen mittelalterlichen Vorgängerbau.

nächtste Seite: Panoramablick von der Elbseite auf die alte Hansestadt Werben mit Elbtor (r.) und Johanniskirche

ich mich auf alle anderen verlassen. Aber dennoch muss er oft genug klar machen, dass er als Vater und Gatte im Haus das Sagen hat. Das ist schon immer so gewesen, dass soll auch so bleiben. Zum Glück ist er nur für seine kleine Familie, für seinen Haushalt zuständig. Er ist das Oberhaupt der Familie und der Vormund seiner Frau. Auf sie muss er sich verlassen können, denn sie hat im Haushalt viele Aufgaben. Sie beaufsichtigt die Dienerschaft und die Lehrlinge, kümmert sich um die Kinder, die Kleidung, das Essen, hilft bei der Buchführung und beim Verkauf der Waren. Und er denkt an seine Kinder, wie sie mit dem Peitschenkreisel oder den Tonfiguren spielen, wie sie sich aus Schweinsblasen Rasseln basteln.

Das altmärkische Bier schmeckt unserem Kaufmann vorzüglich. Vom guten Ruf des Kuhschwanzbieres aus Tangermünde, dem Garley aus Gardelegen und dem Soltmann aus Salzwedel hatte er schon gehört. Dieser Sud hier wurde sicher nicht bei Vollmond angesetzt, fällt dem Kaufmann ein alter Aberglaube ein. Andere sagen sogar, Weiber, die in ihren Tagen sind, müssen der Sudpfanne und dem Braukessel fernbleiben, damit das Bier nicht misslingt. Nach dem fünften Krug des Gerstensaftes steuert unser Gast sein Nachtlager in der Herberge an.

Wen der Kaufmann während seines Besuches kennen gelernt hat, wissen wir nicht. Aber den einen oder anderen Namen wird er sich für spätere Geschäfte merken. Das kann er auch, denn im späten Mittelalter setzen sich Bürgernamen durch, die noch heute als Nachnamen erhalten sind. Bei fast der Hälfte aller Stadtbewohner sind die Namen von ihren Herkunftsorten hergeleitet wie Runtorp (Rindtorf), Moringk (Möringen), Zeten (Seethen) und Jetz (Jeetze). Abgeleitet wurden die Namen außerdem vom Beruf, von Eigenschaften, von Jahreszeiten oder von der nationalen Herkunft. So wohnen die Webers in einer Stadt zusammen mit den Kruses (Krause), den Sommers und den Schottes.

ELBTOR
MUSEUM
WERBEN

Die Elbe steigt aus ihrem Bett

Hochwasser und andere Katastrophen

Es wird das Jahr 1496 geschrieben. Mitten in der Fastenzeit bricht zwischen Seehausen und Werben die Elbe durch die Deiche. Auch an anderen Stellen tritt der Fluss über das Ufer. Besonders das sich stauende Eis birgt Gefahren. Die Burg bei Sandau ist nicht mehr sicher, der darauf wohnende Hauptmann flüchtet mit Frau und Kindern in die Sandauer Pfarre. Sie kommen mit dem Leben davon, die Elbe geht bald darauf in ihr Flussbett zurück. Doch die Bürger von Seehausen, Werben und Osterburg wollen die Angst, diese ständig lauernde Gefahr, nicht noch einmal erleben. Gemeinsam mit der Landbevölkerung machen sie sich an die Arbeit und bauen einen neuen Deich.

Sie wissen, dass das Wasser immer eine Bedrohung war und immer eine bleiben wird. Schon einmal, im Jahr 1433, waren die drei Städte stark vom Hochwasser betroffen. Die Nachbarstadt Stendal stand 1425 unter Wasser, nachdem bei Hämerten ein Deich gebrochen war. Daran erinnert heute ein Fisch in der Marienkirche. Der Sage nach sollen Priester im Schlamm in der Kirche einen großen Hecht gefunden haben. Heute hängt der blecherne Fisch allerdings höher als das Wasser angeblich stand, um ihn vor ständigen Berührungen der Besucher zu schützen. Ein Jahr später, also 1426, soll Seehausen von einem Hochwasser betroffen gewesen sein. Nach einem milden Winter, in dem sogar die Bäume geblüht haben sollen, war laut Überlieferung die Elbe angestiegen. In den Chroniken wird auch für das Jahr 1491 ein Hochwasser erwähnt, das die gesamte Wische überflutet haben soll.

Die Menschen kennen aber auch die anderen Gefahren, vor denen sie ihre Städte zu jeder Zeit schützen müssen und wollen: Missernten und Hungersnöte, Pest und Feuer. Besonders zwischen 1348 und 1351 hatte der Schwarze Tod, auch Großer Tod genannt, in Europa gewütet. Keine oder kaum eine Familie in der Altmark, die keine Opfer zu beklagen hatte. Die Krankheit war von den Kreuzfahrern aus dem Orient nach Europa gebracht worden. Von den Häfen des Mittelmeeres aus zog die Pest gen Norden. Im norddeutschen Raum trat der Schwarze Tod vermutlich

zuerst in Lübeck auf, genannt wird das Jahr 1348. Zeitgleich könnten auch die Städte der Mark getroffen worden sein. Die Pest brach-

links: Das Werbener Elbtor wurde um 1460 erbaut, wahrscheinlich von Stephan Buxtehude. Der Backsteinbau stellt eine Art Torhaus dar, geschaffen für den Durchgangsverkehr aus der Stadt zu den Wiesenauen und zur Elbe.

rechts: Der Hering in der Stendaler Marienkirche erinnert an das Hochwasser im Jahr 1425. Nachdem bei Hämerten der Deich gebrochen war, stand Stendal unter Wasser. Heute hängt der blecherne Fisch allerdings höher, als der Wasserstand damals war.

Ansicht der Stadt Osterburg (Mitte 17. Jahrhundert), Kupferstich von Matthaeus Merian aus der Topographia Electoratus Brandenburgici (Ausschnitt)

te aber nicht nur die Krankheit selbst ins Land, ihr folgten die Büßergesellschaften, Geißler und Kreuzbrüder, die umherzogen und eintönige Lieder zur Buße und Bekehrung sangen. Der Pest, die im Mittelalter mehrfach in der Altmark ausbrach, folgten ein Mangel an Arbeitskräften und Preissteigerungen, was die Situation zusätzlich erschwerte. Und ihr folgten Judenverfolgungen. Der Rat von Salzwedel machte sich nicht mit dem Pöbel gemein und Jagd auf die „Brunnenvergifter", er schützte die jüdischen Mitbürger vor ungerechter Beschuldigung, Verwundung und Totschlag. Anders die Ratsherren aus Stendal. Sie ließen zu, dass Juden aus ihrer Stadt verjagt, beraubt und im schlimmsten Fall ermordet wurden.

Was die Flammen anrichten können, hatte das Jahr 1438 in Werben gezeigt. Erbarmungslos wütete ein Stadtbrand, dem ein Großteil der Häuser und die neuerbaute Kirche zum Opfer fielen. Der Schaden war so groß, dass Markgraf Friedrich der Jüngere die Stadt für die Dauer von fünf Jahren von den Abgaben an ihn befreite. Ähnlich großzügig zeigte sich der Markgraf im Jahr 1450 den Havelbergern gegenüber. Wegen der großen Schäden durch ein verheerendes Feuer erließ er ihnen für sechs Jahre die Dienste und Abgaben, zudem überließ er ihnen kostenlos Bauholz aus der Hohenheide. In den Jahren 1470 und 1503 soll in Gardelegen die halbe Stadt durch Brände vernichtet worden sein, auch die Marienkirche wurde dabei stark in Mitleidenschaft gezogen.

Die Katastrophen des Mittelalters trafen alle, die Reichen ebenso wie die ganz unten in der Gesellschaft. Oben in der städtischen Hierarchie standen die Patriziergeschlechter. Zur Mittelschicht gehörten die Kaufleute und Krämer. Gesellen, Knechte, Mägde, Boten, Tagelöhner und Diener zählten zur Stadtarmut. Keine Bürgerrechte besaßen Prostituierte, Abdecker, Juden und Henker. Sie waren geduldet, aber oft auf Unterstützung angewiesen. Die Juden hatten es dabei am schwersten, denn sie waren nicht überall gern gesehen oder zumindest geduldet. In der mittelalterlichen Stadt lebten zudem Geistliche und Pfahlbürger, also kleine Feudalherren und Bauern mit Stadtrecht.

Erkennbar waren die sozialen Unterschiede schon an der Kleidung. Die Armen trugen meist Schürzen, Kopftuch, Kittel oder Hemd aus einfachem groben Stoff. Viele waren barfuß unterwegs, andere trugen Holzpantoffeln oder Bastschuhe. In den niederen Ständen wurden für die Unterkleidung Leinen, Hanf und Nessel verwendet, für die Oberkleidung oft Schafswolle. Die reicheren Bürger konnten auf importierte Seide zurückgreifen und auf bessere Tuche. Ihre Kleidung war in der Regel farbenfroher, denn sie konnten sich aufwendig hergestellte Stoffe leisten.

links: Die Marienkirche in Gardelegen wurde im frühen 14. Jahrhundert dort errichtet, wo es schon seit 1200 ein Gotteshaus gegeben hatte. In den folgenden Jahrhunderten gab es immer wieder Um- und Erweiterungsbauten. Erst nach der Reformation wurde sie zur Hauptkirche der Stadt.

rechts: Heilige Sippe, farbig gefasstes Holzrelief in der Werbener Kirche St. Johannis.

Die Kapelle des ehemaligen Hospitals St. Georg in Gardelegen wurde 1362 erstmals erwähnt. Das Hospital lag vor der Stadtmauer, weil dort Aussätzige gepflegt wurden.

Ein Sachsenspiegel aus Stendal

Kunst, Kultur und Bürgerschulen

Auch wenn die Hansezeit die Hochzeit für Handwerker und Handelsherren war, hat sie Künstler und Schöngeister hervorgebracht, deren Wirken bis ins Heute ausstrahlt. Und es war die Zeit, in der in Sachen Volksbildung wichtige Weichen gestellt wurden.
1486 kehrte Joachim Westfal nach Stendal zurück. Vermutlich in Mainz hatte er das Handwerk des Druckers gelernt und zuvor kurz eine Druckerei in Magdeburg betrieben. Kaufmann Albrecht Westfal, Aldermann der Kaufmanns-Compagnie zu Stendal, empfing den Sohn mit offenen Armen. Er unterstützte ihn sogar und bot in seinem Haus am Marktplatz einen Raum für eine eigene Druckerei an. Die Hilfe nahm der Heimgekehrte gern an. Der junge Handwerker zögerte nicht lange, machte sich bald an die Arbeit – als erster Drucker in der Mark Brandenburg. Die Typen hatte er sich wahrscheinlich beim berühmten Meister Peter Schöffer in Mainz besorgt. Zu ihm kommen wir später noch einmal.
1488 druckte Joachim Westfal den Sachsenspiegel, das damals gängigste Rechtsbuch aus der Feder Eike von Repkows. Und er stellte Schulbücher her. Denn längst gab es nicht mehr nur die Schulen der Kirche, die auf einer Ausbildung im Lateinischen und mit religiösen Inhalten beharrten. Nach zähem Ringen hatten die Städte im 14. Jahrhundert das Bildungsmonopol gebrochen, es waren Rats- oder Bürgerschulen eröffnet worden. Im Jahr 1340 beispielsweise übernahm der Gardeleger Rat das Patronat über die Schulen der Stadt, das zuvor Bischof Albert von Halberstadt inne hatte. Eine Stadtschule wurde erstmals im Jahr 1335 erwähnt. Für Salzwedels Altstadt wird die erste Schule auf Anfang des 14. Jahrhunderts datiert, für die Neustadt gibt es für das Jahr 1442 einen Beleg. Die Stendaler Stadtschule wurde 1338 eröffnet. Der Rektor oder Schulmeister wurde vom Rat angestellt, der Schulleiter wiederum stellte seine Gehilfen an. Die älteste Schule in Seehausen, eine Lateinschule, wird in den Jahren 1472, 1481 und 1482 erwähnt. Es gibt zwar keinen historischen Beleg dafür, aber wahrscheinlich gab es zu jener Zeit auch schon eine städtische Schule in Havelberg.
Belegt ist auf jeden Fall, dass aus den altmärkischen Städten schon zu jener Zeit junge Männer auszogen, um an Universitäten in Leipzig, Erfurt, Rostock, Greifswald, ja sogar Prag und Bologna zu studieren. Die Mehrzahl der Studenten waren Geistliche oder sie strebten diesen Weg an. Um mittellosen Studenten zu helfen, gab es von reichen Mitbürgern Stipendien. Überliefert ist ein Georg Moller, geboren in Seehausen und später Pfarrer zu St. Pauli in Hamburg, der zusammen mit zwei Pröpsten beim Seehäuser Rat eine Summe von 600 rheinischen Gulden hinterlegt hatte. Von den Zinsen sollten Mitglieder der Familien unterstützt werden, wenn sie in Paris, Köln, Rostock oder Erfurt studierten. Bedingung war, dass der Stipendiat eine Messe in seiner Heimatstadt lesen musste, wenn er die Magister-

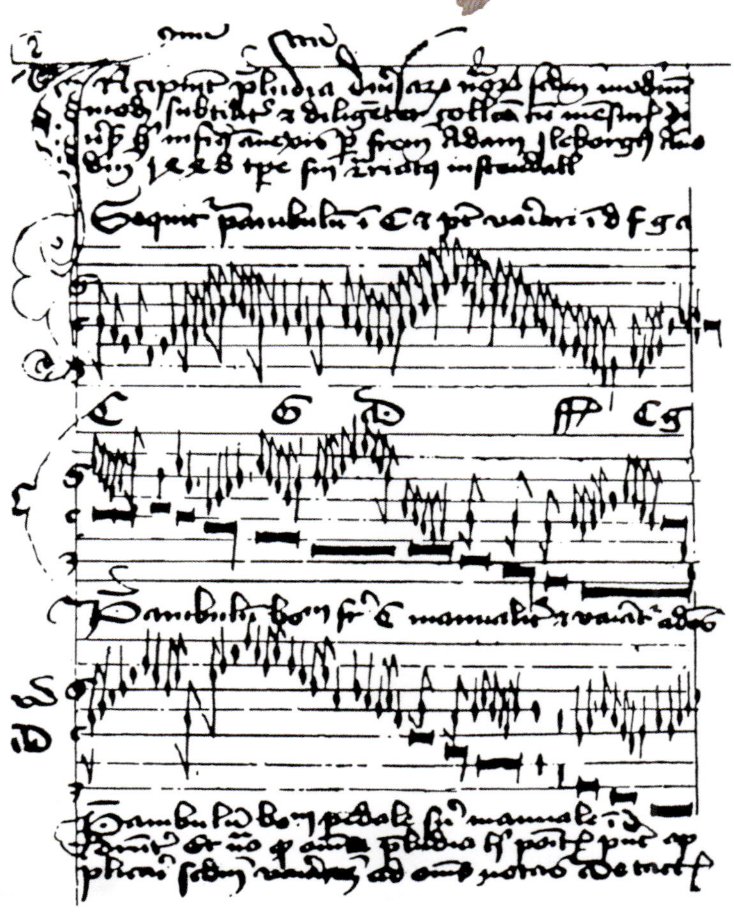

links: Zu den schönen Fachwerkensembles gehört dieses in der ehemaligen Neustadt Salzwedel, gegenüber der Katharinenkirche. Dazu gehört die alte Lateinschule von 1550.

rechts: Darstellung eines Musikanten als Engelsfigur unter der Orgelempore in der Stendaler Marienkirche

Orgeltabulatur des Stendaler Mönches Adam Ihleborg aus dem Jahr 1448

links: Von geschickter Beitelführung eines Meisters zeugt das 1534 gefertigte Adam- und Eva-Tor in Salzwedel. Vermutlich nach Dürers berühmter Darstellung sind die auf beiden Türstöcken geschnitzten Figuren entstanden.

rechts: Frauengestalt auf dem Stendaler Stadtwappen aus dem 15. Jh., Sandstein (Altmärkisches Museum Stendal)

nächste Seite: Blick auf die alte Stadtbefestigung von Salzwedel mit dem Hungerturm (r.). Die Bildmitte wird bestimmt durch den etwas schiefen Turm der Marienkirche, links ist die Rückseite der ehemaligen Propstei zu sehen.

würde erreicht hatte. Zudem war er verpflichtet, sich dem Rat als Leiter der Stadtschule anzubieten. War kein Familienmitglied da, so gab es das Geld für einen Lehrer oder einen begabten Schüler.

Bis 1500 setzten sich die deutschsprachigen Lese- und Schreib- sowie die Rechenschulen durch. Dort bekamen auch die Kinder von nicht so vermögenden Handwerkern und Händlern eine Grundbildung vermittelt. Schreiben und Rechnen waren die wichtigsten Fächer, aber auch der Umgang mit dem Rechenbrett sowie Kenntnisse über Münzen, Maße und Gewichte wurden vermittelt.
Mit den Schulen entwickelte sich der Berufsstand des Lehrers. Spätestens ab der Mitte des 15. Jahrhunderts setzte sich die Auffassung

durch, dass die Leiter von Schulen an einer Universität studiert haben sollten. Eine allgemeine Schulpflicht gab es im Mittelalter aber noch nicht, denn viele Eltern sahen eine Bildung für ihre Kinder nicht als wichtig an. Zudem konnten nur wenige Familien das Schulgeld aufbringen. Das aber musste genommen werden, um die Lehrer zu bezahlen. Auch wenn die Städte sich für ihre Bürgerschulen stark gemacht hatten, aus dem kommunalen Säckel gab es dafür kaum Geld. Einer der bekanntesten Stendaler Lehrer war Adam Ileborgh, vermutlich sogar Rektor der Rats- und Stadtschule. Einen Namen hat er sich besonders als Kirchenmusiker gemacht. 1448 verfasste er eine Sammlung von acht Orgelstücken und hat damit wesentlich zur Entwicklung der Notenschrift und damit der Musik insgesamt beigetragen. Heute gilt seine Orgeltabulatur als eine der ältesten Handschriften dieser Art weltweit und als eine der ältesten zusammenhängenden Sammlungen von Orgelstücken.
Einer der bekanntesten Söhne Werbens aus dem Mittelalter ist Henning Göde oder Gode. Er wurde nach seinem Studium der Rechtsgelehrsamkeit an der Universität Erfurt dort 1486 und drei Jahre später noch einmal zum Rektor ernannt. Es soll von seinen Zeitgenossen so geehrt worden sein, dass sie ihm den Beinamen „Monarch des Rechts" gaben. Später ging Göde nach Wittenberg, wurde dort Propst der Schlosskirche und als treuer Anhänger der katholischen Kirche zum Kritiker von Martin Luther. Im Jahr 1521 starb der gebürtige Werbener.

Nun noch einmal zu Meister Peter Schöffer aus Mainz. Er hat im Jahr 1492 die „Chronecken der sassen" herausgegeben, in denen die älteste Darstellung der Stadt Salzwedel zu finden ist. Die Zeichnungen und Stiche in diesem Buch waren vom Utrechter Meister Erhard Reuwich angefertigt worden, der seit 1484 in Mainz gelebt haben soll. Auf der Darstellung der Stadt Salzwedel, die nur durch den Schriftzug „Soltwedel" und das Wappen als solche erkennbar ist, sind die Stadtmauer sowie Tore und Türme dargestellt. Diese eher symbolischen Darstellungen waren typisch für die damalige Zeit. Erst Ende des 15. Jahrhunderts begannen die Künstler, die Stadtansichten wirklichkeitsnaher zu gestalten.

Zum Abschied

Nach der aufregenden Hansezeit schlossen sich für die Altmark weitere bewegte Jahrhunderte an. Es kamen die Reformation, der Dreißigjährige Krieg, das Wachsen Preußens, die napoleonische Zeit und die Befreiungskriege, die Bestrebungen zur Reichsbildung und die Kaiserzeit der Hohenzollern. Sie ist eng mit einem altmärkischen Adelsgeschlecht verbunden: von Bismarck. Denn als Eiserner Kanzler hat Otto von Bismarck (1815-1898), in Schönhausen geboren, deutsche Geschichte geschrieben. Touristisch wird im Elb-Havel-Winkel mit diesem bekannten Sohn ebenso geworben wie in Stendal und anderen Altmarkstädten mit Johann Joachim Winckelmann (1717-1768).

Der Sohn eines Stendaler Schuhmachers gilt als Begründer der klassischen Archäologie. In seinem Geburtshaus betreibt die international renommierte Winckelmann-Gesellschaft ein Museum und seit kurzem sogar ein separates Kindermuseum. Mit Stendal verbunden ist zudem der Afrikaforscher Gustav Nachtigal (1834-1885). In Salzwedel erinnert ein Museum an Jenny von Westphalen (1814-1881), die spätere Frau von Karl Marx. In Gardelegen ist es der bekannte Couplet-sänger und -schreiber Otto Reutter (1870-1931), der die Stadt, weit über ihre Grenzen hinaus, bekannt gemacht hat. In allen Städten sind es überregional oder regional bekannte Männer und Frauen, mit denen heute geworben wird.

Aber auch sonst gibt es vieles zu entdecken. In der Nachbarschaft Gardelegens liegt zum Beispiel das Jagdschloss Letzlingen. Es ist das letzte erhaltene Hohenzollern-Schloss in Sachsen-Anhalt, es wurde zwischen 1559 und 1562 erbaut. Unter den Kaisern Wilhelm I. und Wilhelm II. fanden in Letzlingen Hofjagden statt, an denen europäische Monarchen wie Zar Alexander II. von Russland und prominente Staatsmänner wie Otto von Bismarck teilnahmen.

Viele weitere Ziele in der Altmark laden zum Besuch ein. Das Freilichtmuseum in Diesdorf gehört ebenso dazu wie Schloss Krumke bei Osterburg, das Storchendorf Wahrenberg bei Seehausen und die Stationen der Straße der Romanik und der Deutschen Fachwerkstraße. Mit ihren Kirchen, Fachwerkhäusern, Hansezeugnissen, Museen und auch den modernen Freizeiteinrichtungen wie dem Theater der Altmark und dem Salzwedeler Kulturhaus und traditionellen Veranstaltungen wie dem Havelberger Pferdemarkt, dem Tangermünder Burgfest, dem Osterburger Spargelfest und dem Stendaler Rolandfest präsentieren sich die alten Hansestädte heute ihren Gästen als moderne Zentren. Dabei setzen sie auch auf die zum Teil unberührte Natur an Elbe und Havel, auf die Schönheiten des Drömlings, die großen Waldflächen der Colbitz-Letzlinger Heide und das dichte Reit- und Radwegenetz sowie die Möglichkeiten für den Wassertourismus. Mit Spezialitäten wie der legendären Altmärkischen Hochzeitssuppe, dem Baumkuchen aus Salzwedel oder dem Tiegelbraten kann der Norden Sachsen-Anhalts zudem kulinarisch punkten. Ein Besuch lohnt sich also auf jeden Fall.

links: Stendal erinnert mit einem Denkmal auf dem Winckelmannplatz an den bekanntesten Sohn der Stadt: Johann Joachim Winckelmann (1717-1768). Er gilt als Begründer der klassischen Archäologie.

rechts: Schon im Mittelalter war die Altmark mit dem Adelsgeschlecht derer von Bismarck verbunden. Dessen bekanntester Vertreter ist Otto von Bismarck (1815-1889), geboren in Schönhausen. Als „Eiserner Kanzler" war er maßgeblich an der Reichsbildung 1870/71 beteiligt.

In der heutigen Ersten Salzwedeler Baumkuchenfabrik Oskar Hennig wurde im Jahr 1807 der erste Baumkuchen gebacken. Noch heute wird der König der Kuchen in Handarbeit nach dem Originalrezept hergestellt. Im Jahr 1865 wurde der Betrieb, der heute gern seinen Besuchern das alte Bäckerhandwerk vorstellt, kaiserlich-königlicher Hoflieferant.

nächste Seite: Das Letzlinger Jagdschloss ist das letzte erhaltene Hohenzollern-Schloss in Sachsen-Anhalt. Erbaut wurde es in der zweiten Hälfte des 16. Jahrhuderts. Unter den Kaisern Wilhelm I. und Wilhelm II. fanden dort Hofjagden mit prominenten Besuchern statt.

Zeittafel

948 Havelberg wird erstmals urkundlich als Bischofssitz erwähnt

1005 Erste urkundliche Erwähnung von Werben

1009 Tangermünder Burg wird erstmals erwähnt

1112 Burg bei Salzwedel erstmals urkundlich erwähnt

1143/59 Gründung Lübecks

1150-1170 Markgraf Albrecht der Bär aus dem Geschlecht der Askanier

1151 Seehausen wird gegründet

1151 Werben bekommt das Stadtrecht

um 1160 Albrecht der Bär verleiht Stendal das Stadtrecht

1160 Osterburg wird erstmals urkundlich erwähnt

um 1160 Bildung der Genossenschaft deutscher Kaufleute, die Gotland besuchen

1170-1184 Markgraf Otto I.

1184-1205 Markgraf Otto II.

1196 Erste urkundliche Erwähnung Gardelegens

1205-1220 Markgraf Albrecht II.

1220-1266 Markgrafen Johann I. (für Stendal) und Otto III. (für Salzwedel)

1233 Salzwedel erstmals als „civitas" (Stadt) erwähnt

1247 Gründung der Neustadt Salzwedel

1263 Salzwedel bekommt Sitz und Stimme in der Gotländischen Versammlung auf Visby

1266-1281 Markgraf Johann II. (Stendal)

1275 Stadt Tangermünde wird erstmals urkundlich erwähnt

1308-1317 Markgraf Johann V. (Salzwedel)

1308-1319 Markgraf Waldemar (Stendal)

1319-1320 Markgraf Heinrich II. (Stendal)

1320-1323 Interregnum

1321 Erstes Bündnis der Altmarkstädte Stendal, Salzwedel, Gardelegen, Osterburg, Seehausen, Tangermünde und Werben zur Aufrechterhaltung von Ordnung und Sicherheit

1323-1351 Markgraf Ludwig (V.) der Ältere, Beginn der Regenschaft des Hauses Wittelsbach/Bayern

1331 Osterburg, Tangermünde, Stendal und Gardelegen erneuern das Bündnis von 1321

1343 Schlacht auf den Gardeleger Kellerbergen. Ludwig der Bayer und Welfenherzog Otto von Braunschweig kämpfen um die Altmark. Ludwig siegt.

1344 Altmärkisches Städtebündnis gegen Rechtsverletzung, beteiligt: Stendal, Salzwedel, Gardelegen, Osterburg, Tangermünde

1348-1350 Markgraf Waldemar der Falsche

1348-1351 Pestepidemie in ganz Europa, auch in der Altmark gibt es viele Tote

1351-1365 Markgraf Ludwig der Römer

1353 Altmärkisches Städtebündnis zum Schutz der öffentlichen Sicherheit und Ordnung. Unterzeichnet wird es von Stendal, Altstadt Salzwedel, Gardelegen, Osterburg, Seehausen und Werben

1356 Erster allgemeiner Hansetag in Lübeck, Beginn der Städtehanse

1358 Stendal, Gardelegen, Seehausen, Werben, Havelberg und Salzwedel nehmen am Hansetag in Lübeck teil

1359 Erste urkundliche Erwähnung der Städte Stendal, Gardelegen, Seehausen, Werben und Havelberg als Hansestädte in einem Einladungsschreiben des Rostocker Rates zum Hansetag nach Lübeck

1360-1373 Markgraf Otto der Faule

1368 Erstmals wird Tangermünde als Hansestadt genannt

1373-1378 Kaiser Karl IV. bzw. dessen Sohn Wenzel sind Kurfürsten von Brandenburg,
Beginn der Zeit der Luxemburger

1378-1388 Kurfürst Sigismund

1379 Altmärkische Städte schließen sich mit dem Erzstift Magdeburg und Städten des Magdeburger Raumes zum Schutz der öffentlichen Sicherheit und Ordnung zusammen

1386 Landeshauptmann Leutold von Krumsdorf stiftet ein Städtebündnis, an dem Stendal, Salzwedel, Gardelegen, Osterburg, Seehausen, Tangermünde und Werben teilnehmen

1388-1411 Kurfürst Jobst von Mähren

1392 Altmärkisches Städtebündnis unter Beteiligung von Stendal, Gardelegen, Osterburg, Tangermünde und Werben gegen den Einfluss des geistlichen Gerichtes des Bistums Halberstadt

1402 Stendal, Gardelegen, Tangermünde, Werben, Osterburg und Seehausen schließen sich zum Schutz mit den Herzögen Bernd und Heinrich von Braunschweig-Lüneburg zusammen

1411-1415 Burggraf Friedrich IV. von Nürnberg ist Verweser der Mark Brandenburg

1415-1417 Marggraf Friedrich, Beginn der Hohenzollernzeit

1417-1440 Kurfürst Friedrich I. von Hohenzollern

1418 Auf dem Hansetag werden die hansischen Statuten beschlossen

1436 Erstmals wird Osterburg als Hansestadt genannt

1440-1470 Kurfürst Friedrich II.

1470-1486 Kurfürst Albrecht Achilles

1486-1499 Kurfürst Johann Cicero

1488 Bierzieseaufstand in den altmärkischen Städten. Der siegreiche Kurfürst Johann Cicero verlangt von den Städten den Austritt aus allen Bündnissen.

1499-1535 Kurfürst Joachim I.

1518 Stendal und Salzwedel werden aus der Hanse ausgeschlossen. Dies wird auch für Havelberg angenommen, urkundlich belegt ist es aber nicht.

1554 Altmärkische Städte treffen sich in der Vogtei Messdorf, um über die Wiederaufnahme in die Hanse zu beraten. Ihr Ersuchen wird vom Hansetag abgelehnt.

1669 Letzter offizieller Hansetag

1980 Stadtjubiläum in Zwolle mit Treffen mehrerer ehemaliger Hansestädte, Geburtsstunde der Hanse der Neuzeit

1998 Stendal, Gardelegen, Salzwedel, Tangermünde, Havelberg, Werben und Osterburg schließen sich zum Altmärkischen Hansebund zusammen.

2000 Seehausen tritt dem Altmärkischen Hansebund bei

2008 Salzwedel ist Gastgeber des 28. Internationalen Hansetages der Neuzeit

Bibliografie

Asmus, Andrea und Helmut: Sachsen-Anhalt – Landesgeschichte, S. 5-44, Magdeburg 1991

Borst, Arno: Lebensformen im Mittelalter, Frankfurt/M – Berlin 1992

Christopeit, Gerald; Reichel, Antje; Buchholz, Torsten: Havelberger Geschichte in Daten, S. 10 – 30. In: Havelberg. Kleine Stadt mit großer Vergangenheit, Havelberg 1998

Christopeit, Gerald: Fischerei und Schiffbau – zwei traditionelle Havelberger Gewerbe, S. 87 – 102. In: Havelberg. Kleine Stadt mit großer Vergangenheit, Havelberg 1998

Daume, G.: Bilder aus Seehausens Vergangenheit, I. und II. Heft, Seehausen 1925

Enders, Lieselotte: Historisches Ortslexikon für Brandenburg. Teil I Prignitz, S. 318 – 322, Weimar 1997

Götze, Dr. Ludwig: Urkundliche Geschichte der Stadt Stendal, Stendal 1873

Habendorf, Ingrid: Stendal und die Hanse, Stendal 2001

Kaiser, Rupert: Gardelegen, die Altmark und die Hanse, Gardelegen 2000

Kalmbach, Ulrich: Die Neustadt Salzwedel in alten Ansichten. In: 750 Jahre Neue Stadt Salzwedel, Salzwedel 1997

Maaß, Kurt: Chronik Seehausen (Altmark), S. 27-51, Seehausen 2001

Mayerhofer, Wolfgang: Die Havelberger Schulen in der Vergangenheit, S. 105-111. In: Havelberg. Kleine Stadt mit großer Vergangenheit, Havelberg 1998

Mittendrin – Sachsen-Anhalt in der Geschichte. Katalog zur Ausstellung im stillgelegten Kraftwerk Vockerode, Dessau 1998

Parisius, Ludolf; Dietrichs, Hermann: Bilder aus der Altmark, Hamburg 1883

Pohlmann, Alfred: Sagen aus der Wiege Preußens und des deutschen Reiches, der Altmark, S. 221-223, Stendal 1901

Puhle, Matthias: Ausbildung der Städte, Hanse und Städtebündnisse (12.-15. Jahrhundert). In: Sachsen-Anhalt – 1200 Jahre Geschichte – Geschichte eines Kulturraumes, S. 71 – 75, Braunschweig 1993

Puhle, Matthias: Hanse – Städte – Bünde. Die sächsischen Städte zwischen Elbe und Weser um 1500, Magdeburg 1996 (Ausstellungskatalog)

Scholke, Horst: Stille Schönheit. Romanische Feldsteinkirchen in der Altmark, S. 5-38, Oschersleben 1993

Stadt Havelberg (Hrsg.): 1050 Jahre Havelberg – Festschrift und Programm. S. 2-8, Havelberg 1997

Stadt Salzwedel (Hrsg): Hansestadt Salzwedel – Ein Rundgang durch die Geschichte der Stadt, Salzwedel 2000

Stadt Tangermünde (Hrsg.): Tangermünde – Vergangene Jahrhunderte berichten, Tangermünde 1995

Stoob, Heinz: Die Hanse, Graz-Wien-Köln o.J.

Wollesen, Ernst: Chronik der altmärkischen Stadt und ihrer ehemaligen Johanniter-Komturei, Werben an der Elbe 1898

Wollesen, Ernst: Stendal und die Hanse. Festgabe der Stadt Stendal zur Tagung des Hansischen Geschichtsvereins am 21. und 22. Mai 1929

Zimmerling, Dieter: Die Hanse. Handelsmacht im Zeichen der Kogge, Bindlach 1993

Bilder

Stadtarchiv Stendal S. 7 (u), 81, 87 (o), 93

Verlag von I. F. Richter, Hamburg
Bilder aus der Altmark, 1883: S. 54, 59 (o), 65 (o)

Stadtarchiv Tangermünde: S. 35 (u), 71 (u)

Winckelmann-Museum Stendal: S. 15 (u), 25 (u), 35 (u), 51 (u)

Touristinformation Havelberg: S. 28, 29 (u)

Kreismuseum Osterburg: S. 121 (u)

Kunst- und Musikschule Stendal: S. 125 (u)

Peter Tschammer: S. 3 (Kaufmann), 16 (Karte)

Ulrich Damke: S. 19 (u), 97 (u), 117

Richard Marder: S. 102, 103 (u)

Baumkuchenfabrik Oskar Henning: S. 131 (u)

Donald Lyko: S. 48, 73, 82, 110, 122, 123 (u)